U0119535

明代《絲路山水地圖》的新發現

周運中 著

▶目　錄

第一章 地圖的流傳與研究史

　　北京故宮博物院所藏明代青綠山水長卷〈絲路山水地圖〉，因爲在中央電視臺春節聯歡晚會亮相，近來得到全社會廣泛關注。[1]

　　歷史上聯結東西方的絲綢之路分爲陸上絲綢之路和海上絲綢之路，陸上絲綢之路從唐宋時期開始逐漸衰落，海上絲綢之路的地位不斷提升。由於宋代陸上絲綢之路的衰落，致使前人往往忽視遼、金以後的陸上絲綢之路。其實在元代，因爲蒙古人重新打通歐亞大陸的交通，所以陸上絲綢之路也隨之復興。到了明代，陸上絲綢之路仍在延續。因爲明代的陸上絲綢之路已經不如海上絲綢之路，留下的文獻較少，所以研究相對薄弱。比如英國學者赫德遜的名著《歐洲與中國》，第五章〈韃靼人統治下的和平〉講述元代中西交往，第六章〈繞過非洲的道路〉講述新航路的開闢，一筆帶過中國和帖木兒帝國的陸上絲綢之路貿易。[2]明代〈絲路山水地圖〉的橫空出世，使得明代絲綢之路重新得到世人關注。

　　這幅〈絲路山水地圖〉雖然是明代中期繪製，但是畫出的旅

1　北京「故宮故宮名畫記」網站的明代〈絲路山水地圖〉網址：https://minghuaji.dpm.org.cn/paint/appreciate?id=v04di475j6ul42yc031hf32l2fhr5yal。

2　[英]G. F. 赫德遜著、李申、王遵仲、張毅譯、何兆武校：《歐洲與中國》，中華書局，1995年，第159頁。

程，東到中國嘉峪關，西到天方國（今沙烏地阿拉伯麥加）以西的戎地面（今土耳其伊斯坦布爾）。路途萬里，跋涉多國，不僅是同時期中國罕見的珍品，也是同時期世界罕見的珍品。不僅有極高的藝術價值，也有不可替代的歷史價值。

這幅地圖是人類文明史上的珍貴文物，是東西方文化交流的智慧結晶。不僅是中國文化的瑰寶，也是世界文化的瑰寶。

這幅珍貴的地圖，是誰所畫？爲何要畫？圖上的地理知識源自哪裡？這些問題，仍然有一定爭議，還是難以破解的謎團。前人對這幅圖雖然已有研究，但是仍然有很多地方留待我們繼續探索，有新的發現。

一‧地圖的流傳和公佈

這幅〈絲路山水地圖〉，寬0.59米、全長30.12米，絹本彩繪。原本是明朝宮廷畫師根據西域商人帶來的各種地圖和各種地理資訊繪製。因爲這幅圖是官方地圖，很可能是皇帝御覽的地圖，在古代地圖中的地位很高。明朝滅亡，這幅地圖由清朝宮廷接收。可能是在民國初年，被人盜賣出宮，流落到北京琉璃廠的著名書店尚友堂。

因爲是被盜賣出宮，所以原來的題簽在此流散過程中被人撕掉，尚友堂在原題簽的下方加了一個很小的題簽：「宙ＸＸ二〈蒙古山水地圖〉一卷。尚友堂。」因此長期被稱爲〈蒙古山水地圖〉。宙字是按照〈千字文〉「天地玄黃、宇宙洪荒」等字，採用的分類編號。ＸＸ二是古代商人計數的蘇州碼，Ｘ是10，ＸＸ二表示第22號。

這幅珍貴的中國地圖，在民國時期被日本近江的富商藤井善助（1873—1943）買走，收藏在京都的藤井有鄰館（The Museum of Fujii Yurinkan），被當成清代畫作，秘不示人。

藤井善助，早年留學中國，就讀於上海的日清貿易研究所（1901年改組爲東亞同文書院）。後回日本繼承家產，經營棉花和紡織貿易，而成爲有名富商。明治四十一年（1908年）從政，當選爲衆議院議員，拜政治家犬養毅爲師，受其影響，積極收藏中國古文物。民國時期，清宮舊藏大量外流，藤井善助傾力收購，包括黃庭堅〈李白憶舊遊詩〉、宋徽宗〈寫生珍禽圖〉、米芾〈研山銘〉。1926年，建成博物館「藤井齋成會有鄰館」，位於東京左京區，館名出自《論語·里仁》的名句：「德不孤，必有鄰。」此館因爲開放程度有限，因此很多珍貴文物不爲外界所知。

2002年，中國中貿聖佳拍賣公司易蘇昊、樊則春先生在日本藤井有鄰館重新發現這幅圖，並花鉅資從日本購回。經故宮博物館的著名學者傅熹年先生從藝術風格上，鑒定爲明代中期以前作品。

2004年初，中貿聖佳公司請北京大學考古文博學院研究古代絲綢之路的著學者林梅村教授研究這幅圖，達成了專題研究協定。林先生在2004年8月的北京論壇「東亞古代文化的交流」考古分論壇論，做了題爲《明代中葉〈蒙古山水地圖〉初探》的報告。在他2007年出版的論文集中，收入了《蒙古山水地圖——在日本新發現的一幅中世紀「絲綢之路地圖」》一文。[3] 林先生又經深入研究，出版了學術專著《蒙古山水地圖》。

3　林梅村：《松漠之間：考古新發現所見中外文化交流》，三聯書店，2007年，第305—324頁。

　　但是〈蒙古山水地圖〉不是原名，而是民國轉售此圖的尚友堂所加。最近經故宮專家研究，這幅圖應改名爲明代〈絲路山水地圖〉。我認爲〈絲路山水地圖〉的名字確實更加貼切，下文將詳細論證。

　　2011年10月，義大利羅馬的國家博物館舉辦「絲綢之路」展覽，〈絲路山水地圖〉手卷在展覽上引起巨大轟動。此後，〈絲路山水地圖〉又先後參加2013年甘肅省嘉峪關城市博物館「起點——明代絲綢之路巨幅地圖長卷嘉峪關大展」、2015年博鰲亞洲論壇舉辦的「文明·記憶——中華文明五千年文化大展」、2015年保利·北戴河「一帶一路文明展暨夏季藝術品公益拍賣會」。又在2017年5月14日「一帶一路」國際合作高峰論壇期間，在會議中心會場公共區域以視頻的方式展示。

　　2017年，世茂集團董事局主席許榮茂先生以2000萬美元的高價，收購這幅圖，並捐獻給北京故宮博物院。這幅地圖經過了約一百年的輾轉，終於又回到了老家北京故宮。絲綢之路的起點在中國，這幅圖在中國絲綢之路建設的新時代回到了祖國，令人振奮。

　　這幅地圖還通過春節聯歡晚會，成爲家喻戶曉的地圖。原本宮廷御覽的地圖走向了千家萬戶，成爲街頭巷尾熱議的話題，反映了國民素質的提升。這幅地圖上的地名，不是普通人能研究清楚，所以很多人對這幅圖有很多疑問。還有很多人受到一些誤導，對這幅圖有各種猜測。

　　既然大家已經關注這幅地圖，我們就更有責任認眞研究這幅圖的由來和圖上的地名，解決大家提出的很多疑問。

二‧研究史回顧與本書創新點

林著考證這幅〈絲路山水地圖〉由來的主要觀點是:

1.這幅圖還有兩個明代刻本和另一個明代彩繪本,卽嘉靖二十一年(1542年)《陝西通志》的〈西域土地人物圖〉、萬曆四十四年(1616年)《陝西四鎮圖說》的〈西域圖略〉、臺北故宮博物院藏嘉靖二十三到二十三年《甘肅鎮戰守圖略》的〈西域土地人物圖〉彩繪本,這些圖的祖本都是〈蒙古山水地圖〉。

2.因爲三個明代別本的終點到魯迷(今伊斯坦布爾),而〈蒙古山水地圖〉的終點僅到天方國(今麥加),所以不是全本,而僅是原圖的四分之三,消失的四分之一很可能是爲了牟利而被人爲撕下。

3.圖上出現了苦峪城,所以在正統六年(1414年)築苦峪城後。圖上出現了阿丹城、西阿丹城,所以在正德九年(1514年)阿端衛內遷後。因爲圖上的起點是嘉峪關,所以在明軍嘉靖三年退守嘉峪關之後。圖上未出現嘉峪關外的永興後墩,所以在嘉靖十八年之前。

4.這幅圖受到吳門畫派的影響,甚至認爲圖上的嘉峪關和仇英(1498—1522)的〈歸汾圖〉使用了同一粉本。[4]

我認爲,林著不僅有研究此圖的開創之功,而且正確地解釋了圖上的很多地名,貢獻很大。

但是林著也有很多問題,比如楊富學先生指出苦峪城就是元代的曲尤城,在今玉門市玉門鎮,卽清代靖逆衛城,仍然保留了一段城牆在地面。史書記載明代正統年間修繕苦峪城,不是創建苦峪

4   林梅村:〈蒙古山水地圖〉,文物出版社,2011年,第2、34—35頁。

城。[5]因爲楊文是後來發表，所以林著之前未能看到。既然苦峪城在元代就有，則不能根據苦峪城是否修築來斷定這幅地圖的年代。

林文引用鄧齡之文，說阿端衛是正德九年內遷，但是核查鄧文，引《明史》說阿端衛：「迄正統朝數入貢，後不知所終。」似乎不提有正德九年內遷事。[6]阿端衛的史料很少，史書都是統稱蒙古諸衛內遷。嘉靖七年王瓊上疏說：「阿端莫知其處。」可見阿端衛的下落早已不明，否則明代人怎麼會找不到阿端衛人？阿端衛在明代所設的西北諸衛中，距離漢地最遠，所以明代人很不熟悉，所以林文的這一斷代時間顯然也有問題。

玉門市玉門鎮的清代靖逆衛古城牆

5　楊富學：《玉門「苦峪城」即「下苦峪」考》，《絲綢之路》2017年第16期。

6　鄧銳齡：《明初安定、阿端、曲先、罕東等衛雜考》《歷史地理》第二輯，上海人民出版社，1982年，第61頁。

　　林梅村認爲，〈絲路山水地圖〉是〈西域土地人物圖〉的祖本。而席會東認爲，〈西域土地人物圖〉是〈絲路山水地圖〉的祖本，前者經過簡化改繪才形成後者。[7]

　　我認爲，〈西域土地人物圖〉和〈絲路山水地圖〉的差別很大，不是同源地圖，而且時間相差很久。這兩幅圖只不過是有的地方類似，如果我們稍微仔細比較，就會發現兩幅圖的差異實在太大，卽使是同源地圖，也不是直接派生關係，而很可能是類似的地方源自另一幅地圖。

　　因爲我們現在能看到的古代地圖比古代存在過的地圖少很多，古代的地圖特別是官府繪製的地圖具有很強的保密性，所以很多地圖在歷史上散佚，我們不能僅根據我們現在看到的幾幅地圖就輕易判斷。

　　張曉東先生認爲，林著對這幅地圖的時間考證有誤，因爲嘉峪關是明代人心目中的華夷邊界，自然成爲地圖的起點，所以和嘉靖三年無關。《肅鎮華夷志》說：「按弘治前里至與今少異，且多番族，今悉載之⋯⋯又一路從苦峪南面，西八十里至阿丹城，西一百一十里至瓜州城，七十里至西阿丹。」阿丹、西阿丹很可能在弘治時已有，所以〈蒙古山水地圖〉晚於弘治。嘉峪關西的第一墩不是永興後墩，而是討賴河墩，建於嘉靖十九年，永興後墩建於嘉靖二十三到二十五年間。〈蒙古山水地圖〉確實和〈西域土地人物圖〉同源，其下限是《陝西通志》刊刻的嘉靖二十一年。[8]

7　席會東：《中國古代地圖文化史》，中國地圖出版社，2013年。

8　張曉東：《明代〈蒙古山水地圖〉探微》，《西域研究》2016年第2期。

　　我認為，如果弘治年間已有阿丹城，也不能證明阿丹城是在弘治年間首次出現，所以不能說這幅圖的上限是弘治年間。〈絲路山水地圖〉的由來，還值得進一步研究。

　　朱紹良提出，仇英的繪畫師自周臣，以南宋院體為宗，善用方筆，是側鋒而不是偏鋒，圓筆偶爾用一點。用筆轉角和緩，連續而不停頓，周臣、王翬在尖角處都停頓，仇英的筆墨連續而流暢。仇英〈歸汾圖〉所繪臨汾城樓，為重簷歇山頂三滴水樓閣式建築，鴟尾內向，是宋代建築風格。而〈絲路山水地圖〉的嘉峪關城門，城樓是單簷歇山頂兩滴水樓閣式建築，鴟尾外向，是典型的明清建築。又如圖上的馬兒黑納城樓，重簷歇山十字脊頂三滴水樓閣式建築，鴟尾內向，是明清建築特點。因此，〈絲路山水地圖〉的繪畫筆法，建築物的構圖風格，均與仇英不同。繪畫風格接近謝時臣，是嘉靖時期作品。[9]

　　傅熹年先生鑒定這幅圖是明代中期之前的作品，我認為此說可信，我在下文將論證這幅圖是正統年間繪製。

　　不過我們應該想到，通過繪畫風格來斷代，不僅比較模糊。而且這幅圖繪製的年代不一定就是圖上地理資訊的年代，後代人有可能根據更早的地理資訊畫圖，也會臨摹、轉繪更早的地圖。這幅地圖上的西域城市都是中國建築風格，顯然經過中國畫家改繪。這幅圖原來根據的西域地圖，時間可能更早。

　　還需要說明的是，雖然這幅〈絲路山水地圖〉是近年重新發現，而且不是〈西域土地人物圖〉的同源地圖。但是〈西域土地人物

9　朱紹良：《明〈絲路山水地圖〉考》。

圖〉的很多內容與〈絲路山水地圖〉有關。〈西域土地人物圖〉的研究，也是〈絲路山水地圖〉相關研究的既有成果，我們必須關注。

前人早已關注〈西域土地人物圖〉的文字部分《西域土地人物略》，但是多引用顧炎武《天下郡國利病書》的轉錄本或清代梁份《秦邊紀略》的轉錄本，清代人都是抄錄文字，不引用地圖。岑仲勉考證了其中的地名，[10]但是根據的是清代人陶保廉《辛卯侍行記》，陶書引用的是顧炎武《天下郡國利病書》。

黃盛璋認為，因為《邊政考·西域諸國》和《西域土地人物略》同源，哈密衛不提是明朝所有，而赤斤衛、苦峪衛、沙州衛下都說是明朝所設，則是在正德九年明朝棄哈密之後，物產欄記載了正德十一年前的罕東左衛都督，則《西域土地人物略》是正德十年（1515年）左右成書。而〈西域土地人物圖〉是在嘉靖二年（1523年）到二十一年（1542年）繪製，因為《西域土地人物略》記載到嘉靖二年，就是〈西域土地人物圖〉繪製的上限，《陝西通志》成書在嘉靖二十一年。《陝西通志》卷十《西域》開頭是雍人所作的序，其下就是〈西域土地人物圖〉，再下是《西域土地內屬略》和《西域土地人物略》，所以地圖的作者就是雍人，也即陝西人，是作者根據《西域土地人物略》畫出的圖。[11]

趙永復考證了部分中亞、西亞地名，他認為雜民城是今烏茲別克斯坦撒馬爾罕和布哈拉之間的克爾米涅（Karmana），普哈剌

10　岑仲勉：《從嘉峪關到南疆西部之明人紀程》，《中外史地考證》，中華書局，2004年，第639—676頁。

11　曹婉如、鄭錫煌、黃盛璋、鈕仲勳、任金城、秦國經、胡邦波編：《中國古代地圖集（明代）》，文物出版社，1994年，圖版說明第14頁。

是布哈拉，撒馬兒罕是撒馬爾罕，失剌思是今伊朗呼羅珊省的薩拉赫斯（Sarakhs），巴答山城是今阿富汗的巴達赫尚（Badakshan），怯迷是今伊朗的克爾曼（Kerman），新旦是錫斯坦，指其首府扎蘭季（Zaranj），孛思旦是巴斯塔姆（Bastam），亦思他剌八是今戈爾甘（Gorgan），失剌思是設拉子（Shiraz），鎖力旦是蘇丹尼耶（Soltaniyeh），帖乩列思是大不里士（Tabriz）。[12]

我認爲，布哈拉、撒馬爾罕、大不里士等地名很清楚，非常簡單，需要考證的地名則多數錯誤。雜民城不是克爾米涅，而是今撒馬爾罕東部的扎敏（Zaamin），克爾米涅在撒馬爾罕之西，位置不合，讀音也不合，雜的古音不可能是ka。第一個失剌思不是薩拉赫斯，因爲《西域土地人物略》的地名極多，必須全部考證，才能發現《西域土地人物略》是根據〈西域土地人物圖〉寫成，其所說的方位和距離往往錯得非常嚴重。所以不能簡單根據其所說的方位和距離考證，而必須結合上下文的各種小地名。這個失剌思其實就是撒馬爾罕附近，是帖木兒仿建世界名城時移用的一個地名。怯迷不是今伊朗的克爾曼，克爾曼還在錫斯坦之西，不可能先跳到克爾曼。新旦不是錫斯坦，孛思旦不是巴斯塔姆，因爲作者未能結合其他小地名，未能發現《西域土地人物略》的路線是從巴達赫尚到怯迷（喀什米爾），到新旦（信德），到孛思旦（不思忒）。

李之勤指出，《西域土地人物略》最早的版本是嘉靖《陝西通志》。作者是通曉漢語的外族人士，校正了《陝西通志》、《天下郡國利病書》、《秦邊紀略》和張雨《邊政考·西域諸國》四種版本的

12　趙永復：《明代〈西域土地人物略〉部分中亞、西亞地名考釋》，《歷史地理》第21輯，上海人民出版社，2006年。

《西域土地人物略》，他認爲黃盛璋考證的成書過程不確，他說雍人就是《陝西通志》的總纂、主筆馬理，是陝西三原人，書中很多地方的議論都署名雍人。這部書收錄了〈西域土地人物圖〉，不能說作者就是雍人馬理。《西域土地人物略》的地名和〈西域土地人物圖〉有不同，所以是同一作者的兩個作品，都被收入《陝西通志》。不能根據哈密衛之下不提是明朝所設，就說成書於正德九年之後，因爲明朝很多人在哈密被吐魯番吞併後仍然一直堅持哈密衛屬於明朝。《西域土地人物略》有苦峪衛，則此書是在宣德十年（1435年）設苦峪衛之後寫成，更有可能是在明朝第二次設苦峪衛的成化十年（1474年）之後。[13]

　　他又指出，張雨《邊政考·西域諸國》比《西域土地人物略》多出很多字句，說明張雨可能看過其他版本。[14]

　　我認爲，李之勤對黃盛璋的質疑可以成立，可惜他沒有考證具體的地名，地名對照圖多沿用趙永復的考證，所以他未能發現《西域土地人物略》是根據〈西域土地人物圖〉寫成。所以黃盛璋的說法不能不成立，而且正好相反。

　　明代《陝西四鎮圖說》的〈西域圖略〉把〈西域土地人物圖〉的十幅地圖，改爲五幅圖。上海圖書館、臺灣國立中央圖書館、北京國家圖書館的藏品都是殘本，但是日本東洋文庫的藏品是全本。日本學者榎一雄、海野一隆、堀直等人討論了〈西域圖略〉，海野一隆認爲〈西域圖略〉繪製於嘉靖三年（1524年）或五年（1526年），圖上

13　李之勤：《〈西域土地人物略〉的最早、最好版本》，《中國邊疆史地研究》2004年第1期。

14　李之勤：《明代張雨〈邊政考〉中的〈西域諸國〉與嘉靖〈陝西通志〉中的〈西域土地人物略〉》，《陝西史志》2003年第2期。

有火焰形的湖泊，說明圖上有的內容可能源自伊斯蘭地圖，和〈西域土地人物圖〉是姊妹關係。[15]

　　林梅村認為，《陝西四鎮圖說》是隆慶初年兵部侍郎王崇古所作，所以〈西域圖略〉是在隆慶初年繪製，而非嘉靖初年。我認為，〈西域圖略〉和〈西域土地人物圖〉顯然是一幅圖的兩個版本，〈西域土地人物圖〉在嘉靖年間出現，〈西域圖略〉不會晚到隆慶年間。不過是萬曆年間編輯《陝西四鎮圖說》時，收入了這幅〈西域土地人物圖〉，改名為〈西域圖略〉而已。

　　臺北故宮博物院藏嘉靖二十三到二十三年《甘肅鎮戰守圖略》的〈西域土地人物圖〉彩繪本，據盧雪燕考證，是臺北故宮收藏的五種明代紙本彩繪邊防圖之一，繪製於嘉靖二十三年到嘉靖末年間。這幅圖的文字部分和《陝西通志》的文字部分有些不同，《圖略》本「墓西二十里為扇馬城」，《通志》作「墓西四十里為扇馬城」，《圖略》本脫落了一些語句，《通志》本的卜隆吉兒在《圖略》本是卜隆古兒，《圖略》的西域人物戴回回圓帽，《通志》的西域人物類似蒙古人的裝扮，說明《圖略》本不是抄錄《通志》，而是源自另一個母本。[16]

　　我認為，根據地圖，騸馬城是在回回墓之西四十里而非二十里，《肅鎮華夷志》是四十里，說明《圖略》確實另有來源，但是卜隆吉顯然是正確寫法，而卜隆古是誤寫。《通志》是刻本，所以圖畫的變形可能較大，西域人物的很多裝扮應是回回裝扮而非蒙古裝扮。但

15　[日]海野一隆：《關於〈陝西四鎮圖說〉所載的〈西域圖略〉》，大阪：清文堂出版社，2003年。

16　盧雪燕：《一帶山河萬里牆——臺灣故宮博物館藏明彩繪本〈甘肅鎮戰守圖略〉》，《故宮學術季刊》第二十六卷第三期，2009年。

是這些差異的總量不多，不是主要內容，因此《圖略》、《通志》的〈西域土地人物圖〉還是可以看成是一本書的不同版本。

除此以外，還有很多西北史地研究、中亞、西亞史地研究成果、元明史研究成果，值得我們利用。這裡先不贅述，詳見下文徵引。

我的這本小書在前人研究基礎上，有一些創新之處：

1.根據〈絲路山水地圖〉原圖的路線研究地名，林著未注意到原圖經常是多條路線並存，往往把不同路線的地名畫到了一條路線上。因為本書根據路線來考證地名，所以糾正了前人很多錯誤的地名考證。

2.本書因為分辨了不同路線，進而發現了〈絲路山水地圖〉是由多種地圖拼接而成，發現了這幅圖的新疆和中亞部分全部南北顛倒。圖上這部分的路線分為南北兩大支，北路從費爾干納盆地到撒馬爾罕，再到把力黑、俺的灰。南路是從帕米爾高原到塔吉克斯坦，再到盼黑、俺都回。兩條路線都通到帖木兒帝國晚期的都城黑樓（赫拉特），再向西到西亞。因為是兩條路線的地圖拼合而成，所以盼黑、把力黑都是巴爾赫（Balkh），俺的灰、俺都淮都是安德胡伊（Andkhvoy），源自不同地圖的不同翻譯。從巴爾赫向東到巴答山城（巴達赫尚）是北路的一條岔路，自然也被接在圖的上方，但是這條路其實轉向東南，圖的上方無法容納，於是扭轉了方向，看上去是向西延伸。如果不是細心考證，很難理清北路和南部，很難理清北路的岔路

3.本書考證地名時，還使用了前人未曾使用過的清代〈哈密全

圖〉、〈新疆全圖〉、〈新疆總圖〉等清代地圖,以及前人未曾使用的《巴布爾回憶錄》、《克拉維約東使記》、《中國紀行》等外國文獻。

4.因為本書復原了明確的路線,才發現《西域土地人物略》是作者根據〈西域土地人物圖〉寫出,因為〈西域土地人物圖〉不精確,所以《西域土地人物略》錯誤很多,而且錯得很嚴重,所說的方位和距離往往完全不可信,必須結合上下文小地名全盤考慮。如果僅看其大字正文,則往往謬以千里。《西域土地人物略》也有不見於〈西域土地人物圖〉的內容,說明有其他資訊來源,或許源自其他圖書,或許源自商人口頭翻譯。

5.本書發現,〈西域土地人物圖〉晚於〈絲路山水地圖〉,二者有部分內容同源,但這兩幅圖不是直接派生關係。這兩幅圖,越往西部,差別越大。這兩幅圖在中國境內很多內容重合,但是在今伊朗境內及其以西的地名基本不重合,說明不是同源地圖。因為中國人不熟悉西亞,所以在不同時期搜集了不同資訊,畫出了不同的地圖。〈西域土地人物圖〉有明確的天方(今麥加)到魯迷(今伊斯坦布爾)的路線,而〈絲路山水地圖〉僅在天方之西示意性地標出戎(今伊斯坦布爾),正是因為二者來源不同。

6.本書根據絲綢之路上的國際關係史來解釋奧斯曼帝國和中國交往的歷史,進而解釋了〈絲路山水地圖〉和〈西域土地人物圖〉在不同時期形成的原因。〈絲路山水地圖〉源自正統初年奧斯曼帝國遣使來華,此時是穆拉德二世時期,主要在歐洲戰爭,奧斯曼帝國東部戰爭極少,所以才有絲綢之路的暢通。〈西域土地人物圖〉源自嘉靖初年奧斯曼帝國遣使來華,此時是在奧斯曼帝國和伊朗的

薩法維王朝的二十年（1514—1534）和平時期。其間的成化、弘治年間是絲綢之路的戰亂期，西亞興起了黑羊王朝、白羊王朝、薩法維王朝，帖木兒帝國走向衰亡，烏茲別克人侵佔了中亞。這幅圖上的黑樓（赫拉特）是西方唯一的圓形城市，具有突出的地位，帖木兒的都城撒馬爾罕城外還有兀魯伯所建的望星樓（天文臺），說明反映了兀魯伯時期的帖木兒帝國情況。

　　7.本書還比較了〈絲路山水地圖〉和〈混一疆理歷代國都之圖〉、《經世大典圖》等相關地圖上的地名，前人雖然提到這些重要的地圖，但是未比較其中具體的地名。

　　8.本書還比較了明代〈絲路山水地圖〉和宋代中國地圖上的西北部分，指出明代〈絲路山水地圖〉的重要價值。

第二章 〈絲路山水地圖〉繪於正統

　　我認爲這幅明代〈絲路山水地圖〉是在明英宗朱祁鎮正統年間繪製，而不是明世宗嘉靖時期。這個時間考證不僅有很多鐵證，而且符合當時中國和西域的總體形勢，有的歷史背景。

一・戎（奧斯曼土耳其）入貢與〈絲路山水地圖〉由來

　　在明代〈絲路山水地圖〉最末端的天方國對岸，紅海西側，畫出了一個城市，名字是戎地面，這是圖上最遠的地方。

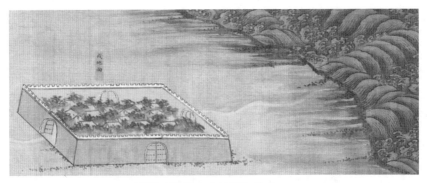

明代〈絲路山水地圖〉的戎

　　查《明英宗實錄》卷一百十一記載正統八年（1443年）十二月庚戌：

福餘衛都指揮安出遣指揮款哥兒、兀剌忽衛野人女直舍人苦女、戎地面速魯擅扯列必王遣使臣沙力免力、陝西河州等衛普岡等寺剌麻鎖南爾監藏等，各貢馬駝玉石及貂鼠皮、佛像、舍利子，賜宴並賜彩幣襲衣等物有差。

卷一百十三正統九年（1444年）二月戊申：

命戎地面正使沙力免力為正千戶，副使舍黑馬黑麻為副千戶。哈密地面正使狹西丁為正千戶，察力失地面使臣滿剌火者、領真地面使臣賽夫丁、土魯番城使臣孛羅帖木兒，俱為正千戶。

地面就是地域，戎地面的原名就是戎。戎地竟排在明朝藩屬哈密和明代西域重要國家土魯番（今吐魯番）之前，說明有非常特殊的地位。察力失是今焉耆，領真是〈絲路山水地圖〉和〈西域土地人物圖〉的懶真，即今鄯善縣的連木沁鄉，這兩個地方也是西域要地，焉耆地處吐魯番通往西方的要衝。戎是一個僅見於此的小國，之所以排在最前，恐怕正是因為最遠。

需要說明的是，元末泉州著名海商汪大淵的海外地理名著《島夷志略》有戎的專條，說：

山遠溪環，部落坦夷，田畬連成片，土膏腴。氣候不正，春夏苦雨。俗陋。男女方頭，兒生之後，以木板四方夾之。二周後，去其板。四季祝髮，以布縵遶身。以椰水浸秫米，半月方成酒，味極苦辣而味長。二月，海榴結實，復釀榴實酒，味甘酸，宜解渴。地產白荳蔻、象牙、翠毛、黃蠟、木綿紗。

這個戎，日本著名學者藤田豐八以為是今泰國的春蓬

Chumphorn，蘇繼廎從之。[1]我以爲這個戎在全書第16條，前後都是南洋地名，而且春夏多雨，白豆蔻等物產也在今春蓬附近，所以《島夷志略》的戎是今泰國的春蓬。但這個在泰國的戎，不應是紅海西岸的戎，僅是恰巧同名。

這種地名翻譯的巧合，也不止這一個例子，《島夷志略》就有淡邈、東淡邈，淡邈是今緬甸南部的打歪（Tavoy），東淡邈是今印尼爪哇島北部的淡目（Demak），[2]兩個名字其實不是同源，僅是翻譯的巧合。

林著認爲這幅明代地圖上的戎是埃及古港貝勒尼斯（Baranis），阿拉伯人稱爲阿伊扎布（Aihdab），在天方（麥加）外港吉達（Jiddah）的對岸。[3]我認爲此說可能不確，因爲圖上的戎是在麥加的西南，但是阿伊扎布在麥加的西北，在今哈拉耶布（Halayeb）以北20公里。貝勒尼斯，現在一般寫作Berenice，不是阿伊扎布，而且貝勒尼斯在6世紀已經衰落，所以圖上的戎也不可能是貝勒尼斯。吉達的對岸，主要有兩個海港，除了其西北的阿伊扎布，另一個是其西南的薩瓦金（Suakin）。[4]

1　[元]汪大淵著、蘇繼廎校釋：《島夷志略校釋》，中華書局，1981年，第106頁。

2　[元]汪大淵著、蘇繼廎校釋：《島夷志略校釋》，第133頁。周運中：《中國南洋古代交通史》，廈門大學出版社，2015年，第372頁。

3　林梅村：《蒙古山水地圖》，第178頁。

4　William Charles Brice, An Historical atlas of Islam, Leiden: Brill, 1981, p22.

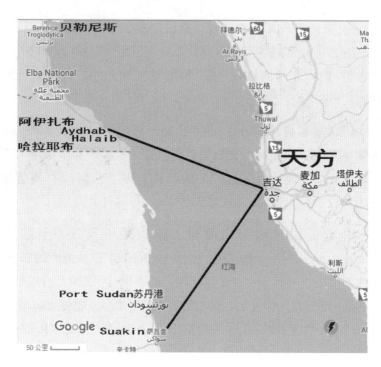

天方到紅海西岸的航路圖

阿伊扎布的現代英文形式是Aydhab或Aidab,尼羅河在埃及南部也向東部彎曲,這一段尼羅河到紅海的距離也很近,所以形成了貝勒尼斯和阿伊扎布港。阿伊扎布和薩瓦金既有分工,又處於競爭地位。在對非洲內部市場方面,二者有分工,阿伊扎布是埃及的外港,薩瓦金是蘇丹的外港。但是在印度洋和地中海之間的紅海南北航路貿易,則是競爭地位,二者之間有戰爭。

1264年,埃及南部的古斯 (Qus) 聯合阿伊扎布襲擊薩瓦金,薩瓦金的蘇丹流亡。古斯在尼羅河東岸,是阿伊扎布和尼羅河商路的

聯結點。1426年,埃及馬木魯克王朝的蘇丹巴爾斯拜(Barsbay)爲了壟斷印度洋和地中海的貿易,摧毀了阿伊扎布,難民流散到東古拉(Dongola)和薩瓦金(Suakin),基本被殺害。因爲阿伊扎布早已被摧毀,所以圖上的戎不可能是阿伊扎布。

陳佳榮先生考證戎爲魯迷(Rum),也卽東羅馬帝國,Rum卽羅馬,此時是指東羅馬帝國最後的孤城都城伊斯坦布爾。雖然此時奧斯曼土耳其帝國尚未最終攻佔東羅馬帝國的都城,但是已經佔領了附近地區,所以正統八年到中國的戎國使者說戎國之王名爲速魯擅扯列必王,速魯擅應是速魯檀,卽蘇丹(Sultan)的音譯,說明此國是穆斯林國家,實際來華的是土耳其人而不是羅馬人。[5]

我認爲此說正確,首先是讀音吻合,其次是位置吻合。魯迷卽今伊斯坦布爾,也在海的對岸。雖然圖上畫在天方(麥加)之西岸,但這是示意圖。因爲距離中國遙遠,中國人不清楚具體位置,聽說在海的西岸,所以示意性地畫在了天方之西,其實是在小亞細亞半島之西。

1261年,米海爾·巴列奧略收復君士坦丁堡,但此時的拜占庭帝國僅剩下君士坦丁堡和塞薩洛尼基兩個城市。1453年(景泰四年),奧斯曼土耳其人攻佔君士坦丁堡,改建爲土耳其人的都城,拜占庭帝國最終滅亡。此前奧斯曼土耳其帝國已經佔領了東羅馬絕大部分土地,所以自稱是戎(Rum)人,借用其名號,擴大自己的影響。

所以正統八年入貢的戎(Rum)就是在西域最遠的戎,也卽

---

5 陳佳榮:《「戎(Rum)地面」首府在魯迷城》,南溟網:http://www.world10k.com/blog/?p=3552。

〈絲路山水地圖〉最遠的戎，這是明代首次入貢。因此我認為，〈絲路山水地圖〉就是源自正統八年戎國人到中國帶來的地理資訊。當然，圖上也融合了很多先前中國人已經知道的西域地理資訊，但是這次遠方的戎國入貢是前所未有，所以刺激了朝廷製作了這幅地圖，表示天朝的盛況空前。先由來華的西域人繪出路途簡圖，再由中國的畫家改畫成〈絲路山水地圖〉。卽使考慮到作畫還要一段時間，這幅圖也不會晚於正統晚期。《殊域周咨錄》說魯迷（伊斯坦布爾）人自稱花了十年時間才到中國，[6]這應是魯迷商人的誇大。馬可波羅在元代從威尼斯到大都（今北京），也不過花了三年半。

明代都穆《都公譚纂》卷下：

> 西番長耳僧法奴，居中國三十年，善漢人語。丁酉歲遊吳，止禮拜寺。為予言，其生彌西里國，在天方國西，五年可達中國。去其國一年之程有藏國、把國者，地廣千里，人長五丈，其聲聞一二里，日飯盡米一石，然膽怯，聞金鼓或炮聲，必疾走，其小兒亦丈餘也。長耳僧，宗回回教，遊行海上，凡數十國。其在中國，足跡遍天下，約其年，幾百歲，每日惟食飯一盂，雞鵝羊肉亦皆食之，或數日不食，亦不饑也。後渡錢塘江觀窯器，溺死。

法奴來自彌西里國，在天方（今麥加）之西，卽今埃及，南宋周去非《嶺外代答》的〈大食諸國〉有勿斯離國，張星烺指出卽Misr，

6　[明]嚴從簡著、余思黎點校：《殊域周咨錄》，中華書局，1993年，第498頁。

是阿拉伯人對埃及的稱呼。[7]趙汝括《諸蕃志》抄錄了周去非的勿斯離國，稱爲勿廝離國，竟然又根據新得到的埃及材料另設勿斯里國，材料更豐富。於是有人說《諸蕃志》的勿斯里國是埃及，勿廝離國是今伊拉克的摩蘇爾（Mosul），[8]我以爲不確，因爲勿廝離國產珊瑚，摩蘇爾在內陸，顯然是趙汝括不知眞相，分爲兩條。《諸蕃志》的流求國抄錄《隋書》很多內容，大秦國則抄錄《三國志》等書，而不知《嶺外代答》的大秦是加茲尼王朝而不是羅馬。

藏國、把國很可能是藏把之誤，即桑吉巴（Zanjibar），阿拉伯人稱黑奴爲zanji，《嶺外代答》稱爲昆侖層期國，昆侖即昆侖奴、黑奴，《島夷志略》稱爲層拔國。從埃及到中國才五年，可知魯迷（伊斯坦布爾）人自稱花了十年時間是誇大其詞。

遣使到中國的戎地面速魯擅扯列必王，其實不是蘇丹（蘇魯檀），而是扯列必（Çelebi），即奧斯曼帝國王子的封號。扯列必往往在童年就被委任爲大省或大區的總督或桑賈克貝伊，模仿中央政府，建立自己的衙門，甚至發行印有自己名字的貨幣。

1402年，帖木兒在安卡拉打敗奧斯曼帝國軍隊，俘虜了奧斯曼帝國的蘇丹巴耶濟德一世（Boryezit I）。帖木兒扶持此前被奧斯曼吞併的很多埃米爾統治的小國復國，以抗衡奧斯曼，最大的是卡拉曼（Karamanid），作爲奧斯曼東部的屏障，次年帖木兒離開。

帖木兒離開後，小亞細亞再次陷入混戰，巴耶濟德的兒子也相

7　[宋]周去非著、楊武泉校注：《嶺外代答校注》，中華書局，1999年，第101、106頁。

8　[宋]趙汝括著、楊博文校釋：《諸蕃志校釋》，中華書局，2000年，第114—115、121—122頁。

互戰爭。最終穆罕默德一世（Mehmet I）取得勝利，他於1413—1420年在位，致力於恢復舊日疆土。

　　他的兒子穆拉德二世（Murat II）在1421—1451年在位，佔領了小亞細亞大多數地方，通過戰爭迫使威尼斯接受和約，鞏固了在巴爾幹半島的統治權。因此，正統年間遣使中國的蘇丹扯列必，應該是穆拉德二世的兒子。穆拉德晚年，由於東西交困，簽訂和約，但是邊疆的貴族和軍隊希望通過戰爭獲得更多戰利品，很想擁立王子登基。穆拉德在1444年把王位讓給了兒子穆罕默德二世（Mehmet II），但是因爲埃迪爾內發生叛亂，擁立奧斯曼·扯列必（Osman Çelebi）登位，坎達里·哈里等貴族擁立穆拉德重新登位，穆罕默德二世仍然享有蘇丹的稱號，直到1451年穆拉德去世，穆罕默德二世才再次登基。

　　速魯擅扯列必王遣使在正統八年（1443年）已經到達中國，則出發至少在1440年之前。這次遣使中國反映了奧斯曼帝國王子和貴族勢力的增長，本質是國力的增強。此時奧斯曼帝國尚未吞併卡拉曼，未向東擴張，所以在東部的戰爭不多，這也是能順利遣使中國的原因之一。

　　穆罕默德二世於1451—1481年在位，1453年佔領君士坦丁堡，滅亡了延續了一千年的東羅馬帝國，改名爲伊斯坦布爾，建爲新的都城。還征服了希臘、瓦拉幾亞、塞爾維亞、波士尼亞、黑塞哥維那、阿爾巴尼亞、卡拉曼。雖然征服主要在西部的歐洲，但是卡拉曼作爲小亞細亞東部殘存的最大突厥國家，終於被征服。由此引發和白羊王朝的直接衝突，1472年，奧斯曼在埃爾祖魯姆附近擊敗了白羊

王朝，迫使白羊王朝退出了小亞細亞。[9]

從這一時期開始，小亞細亞與伊朗的戰爭頻繁，商路受到衝擊。所以〈絲路山水地圖〉不是在這一時期出現，而是在此之前出現，正是穆拉德二世時期，也即明英宗正統年間。

其實在此後，奧斯曼帝國以戎的名義入貢，還有一次記載，北京圖書館藏明代抄本《高昌館課》，收錄吐魯番的來文多件，每件都有回鶻文、漢文兩種文本。有一件是：

> 戎地面速壇把牙，大明皇帝洪福前叩頭，奏：比先年間差使臣往來，行走不絕，只因路途不安，少來進貢。今因路途安穩，照依前例進貢西馬四匹、騸馬六匹。今進貢去了，怎生恩賜，奏得聖旨知道。[10]

戎地面，無疑是戎地面的形誤。因為西域都要經過吐魯番，所以夾在在吐魯番的來文之中。《高昌館課》中還有亦力把力、黑婁（赫拉特）、迤西地面來文，明代四夷館本《回回館雜字》的《續增雜字》說：「迤西，忒勒夫，默額力卜。」即taraf-I maghrib，即阿拉伯語的西方。[11]

戎地面的速壇（蘇丹）把牙，不應該是1402年被帖木兒俘虜的巴耶濟德一世（Boryezit I），而應是巴耶濟德二世（Boryezit II），

9　[美]斯坦福·肖著、許序雅、張忠祥譯：《奧斯曼帝國》，青海人民出版社，2006年，第50—92頁。

10　陳高華：《明代哈密吐魯番資料彙編》，北京：商務印書館，2017年，第378頁。

11　劉迎勝：《〈回回館雜字〉與〈回回館譯語〉研究》，中國人民大學出版社，2008年，第329頁。

1481年（成化十七年）到1512年（正德七年）在位。

　　至於所謂的使者不一定的眞正的使者，很可能是奧斯曼帝國的商人，他僅帶來十匹馬，不像是帝國的使者。但是他說的情況很重要，此前路途不安，指的是嘉泰到成化初年，也卽穆罕默德二世時期。巴耶濟德二世時期，伊朗的薩法維王朝已經興起，攻佔兩河流域，屠殺遜尼派穆斯林，並且向安納托利亞地區傳播什葉派思想。但是巴耶濟德二世並未主動發動戰爭，他要求薩法維王朝停止這樣的行爲。1511年，薩法維王朝支持土庫曼人大規模地反叛奧斯曼帝國，巴耶濟德二世派兵鎮壓，但是未能乘勝進攻薩法維王朝。

　　因爲在巴耶濟德二世時期，奧斯曼帝國和薩法維王朝基本未發生大戰，所以此時的奧斯曼帝國商人認爲到中國的路途比較安穩，《高昌館課》記載的戌地面商人應該是在1511年之前出發。繼任的塞利姆一世於1512年（正德七年）到1520年（正德十五年）在位，奧斯曼帝國發動了對薩法維王朝的大戰，此時的商路受到阻礙。[12]

　　而所謂先年間差使臣往來，行走不絕，指的就是正統前期的戌地面入貢。這就說明在正統前期，奧斯曼帝國和明朝往來較多，而正統晚期到成化間的來往減少。很可能是在天順、成化間，來往又開始頻繁。下一節還將說到，《中國紀行》的作者賽義德・阿里・阿克巴爾・契丹（Seid Ali Akbar Khatai）很可能是在天順、成化時期在中國。這些證據，都證明正統前期是中國和西域來往較多的時期，〈絲路山水地圖〉是在此時產生。

12　[美]斯坦福·肖著、許序雅、張忠祥譯：《奧斯曼帝國》，第105—113頁。

二、〈絲路山水地圖〉和帖木兒帝國

如果〈絲路山水地圖〉是正統時期繪製，則非常符合當時的世界局勢。蒙古人在中亞建立的察合台汗國，長期受到阿姆河、錫爾河之間的河中地突厥人伊斯蘭文化影響。1326年，答兒麻失里（Tamachirin）成為可汗，他的名字本來源自梵文達摩室利（Dhamaçcri），表明是佛教徒，但是他卻改信伊斯蘭教。於是其東部不改信伊斯蘭教的蒙古人起兵殺死答兒麻失里，察合台汗國陷入內亂。合贊汗（Qazan，1343—1346年）死後，分為東西察合台汗國。[13]東察合台汗國大權落入權臣八魯刺思部的埃米爾（emir）哈茲汗（Qazghan）手中，哈茲汗又更換了兩個可汗。1357年，哈茲汗被人暗殺。

東察合台汗國的可汗禿忽魯帖木兒（Tughluk Temür，1347—1367）也改信伊斯蘭教，1360年、1362年兩次征服了河中地。八魯刺思部的帖木兒（Timur）投靠禿忽魯汗，又和哈茲汗的孫子阿米爾·侯賽因起兵，反抗禿忽魯汗封在河中地的兒子亦里牙思·火者（Ilyas Khwadja），失敗後逃往赫拉特（Herat）。1363年，禿忽魯汗去世，帖木兒征服了河中地。1370年，帖木兒殺死侯賽因，自立為埃米爾，定都撒馬爾罕。

帖木兒東伐西討，南征北戰，建立了龐大的帝國。1371—1379年，四次攻打弘吉刺部佔據的花拉子模（Xorazm）。1374年，因為哈馬爾丁（Qamar al-Din）奪取東察合台汗國的汗位，帖木兒進軍賽里木（Sairam）、喀什（Kschgar），回到費爾干納，又重新東征，打敗了

13　劉迎勝：《察合台汗國史研究》，上海古籍出版社，2006年，第443—444頁。

哈馬爾丁。1377年殺死俄羅斯汗，扶持脫脫迷失爲白帳汗。

1381、1383年，兩次攻入赫拉特（Herat），征服了呼羅珊和錫斯坦。1385到1387年，攻佔伊朗高原，佔領蘇丹尼耶（Soltaniyeh）、哈馬丹（Hamadan）、大不里士（Tabriz）、第比利斯（Tblisi），使亞美尼亞國王歸順伊斯蘭教，追擊土庫曼人白羊王朝的首領卡拉·優素福，到達凡城（Van）。回師伊朗，進攻穆扎法爾王朝（Mozafférides），屠殺了伊斯法罕（Esfahan）的七萬人，佔領了設拉子（Shiraz）。

1388年，脫脫迷失和哈馬爾丁聯合進攻河中地，花拉子模也起兵反抗帖木兒。帖木兒回到河中地，摧毀花拉子模、烏爾根奇等地，打敗脫脫迷失。1391年，在伏爾加河打敗脫脫迷失，脫脫迷失逃跑，帖木兒扶植了另一名王子統治金帳汗國。帖木兒扶植了亦里牙思的弟弟黑的兒火者爲東察合台汗國可汗，並把女兒嫁給他。

1392年，帖木兒再次南下伊朗，平定了戈爾甘和馬贊達蘭（Mazandaran），進雷伊（Ray）、蘇丹尼耶，到舒斯塔爾（Shushtar）、設拉子，滅亡了穆扎法爾王朝。奪取了巴格達（Baghdad），屠殺了提克里特（Takrit）全城，降服了瓦西特（Wasit）、巴士拉（Basra）等地。又回到蘇丹尼耶，進攻格魯吉亞，回到美索不達米亞。

1395年，帖木兒再次北上俄羅斯，進入塔納亞速夫（Tana-Azov）、阿斯特拉罕（Astrakhan）、金帳汗國都城薩萊（Saray），佔據莫斯科半年。1398年，攻佔印度北部，佔領德里（Dehli），殺死了十萬印度人，留兵駐守。

1399年，黑的兒火者去世，帖木兒攻佔喀什、葉爾羌、阿克蘇、庫車。又在1400年，西征阿塞拜疆、安納托利亞（Anatolia），降服了

錫瓦斯（Sivas）。帖木兒轉而南下，攻打埃及馬木魯克王朝控制的敘利亞，奪取了阿勒頗（Aleppo）、哈馬（Hama）、霍姆（Hom）、的黎波里（Tripoli）、大馬士革（Dimashq）。又摧毀了巴格達，滅亡了劄剌亦兒王朝。回到大不里士，進軍格魯吉亞。

1402年，帖木兒在安卡拉俘虜了奧斯曼帝國蘇丹巴耶濟德一世，佔領小亞細亞，從基督徒手中奪取了士麥那（Smyrne）。埃及蘇丹稱臣入貢，東羅馬帝國遣使修好，格魯吉亞稱臣入貢。1404年（永樂二年），他出發東征中國，途中因病死在訛答剌（Otrar），享年71歲。[14]

帖木兒多次派遣使者到中國，帶來的物品種類、數量不斷增加，使者的等級也不斷升高。

洪武二十年（1387年）九月壬辰：「撒馬兒罕駙馬帖木兒遣回回滿剌哈非思等來朝，貢馬五十四匹、駝二隻。」（《明實錄·太祖實錄》卷一八五）

二十一年（1388年）九月丙戌：「撒馬兒罕駙馬帖木兒遣回回答木丁等五十九人來朝，貢馬三百匹、駝二隻。」（《明實錄·太祖實錄》卷一九三）

二十二年（1389年）九月乙未：「撒馬兒罕駙馬帖木兒遣回回滿剌哈非思來朝，貢馬二百五十匹。」（《明實錄·太祖實錄》卷一九七）

二十三年（1390年）正月乙亥：「撒馬兒罕回回舍怯兒阿里義等

14　[法]布哇著、馮承鈞：《帖木兒帝國》，馮承鈞譯：《西域南海史地考證譯叢》第三卷，北京：商務印書館，1999年，第434—501頁。

以馬六百七十匹,抵涼州互市。守將以聞,詔送舍怯兒阿里義等至京,聽自市鬻。」(《明實錄‧太祖實錄》卷一九九)

二十四年 (1391年) 八月乙卯:「撒馬兒罕駙馬帖木兒遣回回舍哈厘等來朝,貢駝、馬、方物。」(《明實錄‧太祖實錄》卷二一一)

二十五年 (1392年) 三月壬午:「撒馬兒罕駙馬帖木兒遣萬戶尼咎卜丁等來朝,貢馬八十四匹、駝六隻、絨六匹、青梭服九匹、紅綠撒哈剌二匹及鑌鐵、刀劍、盔甲等物。」(《明實錄‧太祖實錄》卷二一七)

二十七年 (1394年) 九月丙午:「撒馬兒罕駙馬帖木兒遣酋長迭力必失等,奉表來朝,貢馬二百匹。」(《明實錄‧太祖實錄》卷二三四)

二十八年 (1395年) 七月:「撒馬兒罕遣回回迭力必失等,貢馬二百一十二匹。」(《明實錄‧太祖實錄》卷二三九)

二十九年 (1396年) 正月乙酉:「撒馬爾罕遣回回阿拉馬丹等二十人,來貢馬二百四十餘匹。」(《明實錄‧太祖實錄》卷二四四)

洪武二十七年,帖木兒上表云:「恭惟大明大皇帝,受天明命,統一四海……臣帖木兒,僻在萬里之外……今又特蒙施恩遠國,凡商賈之來中國者,使觀覽都邑城池,富貴雄壯。」用詞非常恭謹,因爲此時帖木兒的作戰對象主要在其西北,所以想穩定東方形勢。

但洪武二十八年 (1395年) 派遣的使節傅安、洪武三十年使節陳德文被帖木兒扣留長達十三年,據1404年在撒馬爾罕的西班牙使者克拉維約的《東使記》說,帖木兒爲了準備討伐中國,派人到中國首都居住半年,收集各種情報。帖木兒也改變了對中國的態

度，過去對中國稱臣朝貢，最近七年不朝貢，還公然侮辱明朝的使者。還扣留了一個中國商隊和所有貨物，這個商隊有駱駝800匹。[15]七年不朝貢和中國的記載吻合，大概因為帖木兒兩次佔領伊朗後，感到西方已經安定，不必再對明朝友好。

克拉維約說，帖木兒的旗幟上畫有三個圓圈，代表他征服了世界上四分之三的土地。我們不難推測，剩下的四分之一，顯然是指中國。中國在亞洲的東部，地域遼闊。南方的印度、北方的欽察、西方的波斯都被他征服了，埃及和羅馬都遣使臣服，唯有中國未對他低頭。

帖木兒扣留明朝使者後，東察合台汗國也扣留明朝使者，洪武三十年（1397年）正月：「丁丑，遣使諭別失八里王黑兒的火者。先是，遣主事寬徹等使哈梅里、別失八里及撒馬爾罕地。寬徹至別失八里，而黑兒的火者扣拘之，副使二人得還。至是，復遣使持書往諭之曰：「朕即位三十年，西方諸國商人入我中國互市，邊吏未嘗阻絕。朕復敕吾吏民，不得恃強欺侮謾番商。由是諸國商獲厚利，疆場無擾，是我中國大有惠於諸國也。向者，撒麻兒罕商人有在漠北者，吾將征北邊，執歸京師，朕令居中國互市。後知為撒麻兒罕人，遂俱遣還本國。其君長知朝廷恩意，遣使入貢。吾朝廷亦以其知事上之禮，故遣寬徹等使爾諸國，通好往來，撫以恩信。豈意拘吾使者不遣？」

朱元璋沒有因為察合台汗國、帖木兒帝國扣留使者而出兵，因為此時蒙古高原上的北元還在，所以朱元璋希望和西域修好，開通

15　[西班牙]克拉維約著、[土耳其]奧瑪‧李查譯、楊兆鈞譯：《克拉維約東使記》，北京：商務印書館，1985年，第158—159頁。

商路,牽制蒙古。

在帖木兒和中國友好的時期,絲綢之路的東段因爲戰爭較少,也比較暢通,蓋耶速丁·阿里(Ghiyāth al-Dīn Ali)所著《帖木兒印度征戰記》說撒馬爾罕有「來自俄羅斯和韃靼的毛皮和麻布,來自中國的世界上製作最精良的絲料,特別是世界上最上等的綢緞,」還有來自印度的香料等。[16]克拉維約說,撒馬爾罕有來自世界上最遠處的貨物,有中國運來的世界上最精美的絲織品,有和田運來的寶玉,有來自印度的香料和來自俄羅斯的皮貨、亞麻等。因爲來自世界各地的商品太多,帖木兒下令建造橫貫全城的大市場。[17]

布哇認爲,蒙古帝國瓦解導致西亞商路的破裂,帖木兒帝國恢復了蒙古時代陸上絲綢之路的繁榮。帖木兒邀請法國商人前來貿易,寫信給法國國王沙爾勒六說:「世界因爲商人才能繁榮。」[18]

帖木兒死後,他的兒子沙哈魯(Chah Rukh)遷都哈烈(今赫拉特),沙哈魯讓他的兒子兀魯伯(Ulug Beg)管理撒馬爾罕(Samarkand)。[19]

沙哈魯時期的帖木兒帝國相對和平,前人稱爲學者和文人的黃金時代。沙哈魯雖然屢次在西部用兵,但是對中國頗爲友好。沙

---

16   [塔吉克斯坦]阿西莫夫、[英]博斯沃思主編、華濤譯:《中亞文明史》第四卷,中國對外翻譯出版公司,2010年,第263頁。

17   [西班牙]克拉維約著、[土耳其]奧瑪·李查譯、楊兆鈞譯:《克拉維約東使記》,第152—157頁。

18   [法]布哇著、馮承鈞:《帖木兒帝國》,馮承鈞譯:《西域南海史地考證譯叢》第三編,第512頁。

19   [法]魯保羅著、耿昇譯:《西域的歷史與文明》,人民出版社,2012年,第403—428頁。[伊朗]阿寶斯·艾克巴爾·奧布梯揚尼著、葉奕良譯:《伊朗通史》,經濟日報出版社,1997年,第673—690頁。

哈魯希望打通和中國的商路，永樂五年（1407年）送回被帖木兒扣留的使者傅安，進貢方物。次年（1408年），明朝派傅安出使，沙哈魯遣使朝貢，七年（1409年）到京師。八年（1410年），沙哈魯又遣使朝貢，明朝又遣使到哈烈。十一年（1413年）六月癸酉：「西域哈烈、撒馬兒罕、失剌思、俺的干、俺都淮、土魯番、火州、柳城、哈石哈兒等處，俱遣使隨都指揮白阿兒忻台等貢西馬、獅、豹等物。」[20]

朱棣與沙哈魯通信的波斯文本，保留在伊朗宮廷史官阿卜杜·拉扎克·撒馬爾罕地（Abd al-Razzaq Samarqandi）所著的《兩顆福星升起與兩海匯合之地》一書中，朱棣在1410年的詔書中，用嚴肅的口氣教導沙哈魯要像帖木兒那樣識天命，稱臣朝貢于明朝，又說：「期此後信使往來，朝聘不絕，商旅安然互市，各遂其欲。」沙哈魯的回信希望明朝皈依伊斯蘭教，或許因為翻譯改換口吻，所以朱棣不但未生氣，還犒賞使者。[21]

永樂十一年（1413年），行人陳誠與中官李達、戶部主事李暹等人護送沙哈魯的使節回國，到達哈烈。十四年、十六年、十八年，多次再使哈烈，陳誠留下了《西域行程記》、《西域番國志》兩部名著，是明代中亞歷史的珍貴史料。邵循正根據《兩顆福星升起與兩海匯合之地》揭示，1418年朱棣給沙哈魯的信中說，沙哈魯送給明朝的有獅、馬、豹，明朝宮廷畫家畫出〈牽馬圖〉，又被陳誠帶給沙哈魯，還帶去中國東北沿海所產的海東青。在這封信中，大明皇帝仍然比沙哈魯蘇丹高出一格，用以顯示明朝的權威，但是朱棣改變

20　《明實錄·太宗實錄》卷一零八。

21　邵循正：《有明初葉與帖木兒帝國之關係》，清華大學《社會科學》第二卷第一期，1936年10月。收入邵循正：《邵循正歷史論文集》，北京大學出版社，1985年，第86—98頁。

了口氣，用伊斯蘭教的用語盛讚沙哈魯。[22]

陳誠帶去的〈牽馬圖〉原本應是中國傳統的卷軸畫，但是在戰亂中被切割爲多幅。目前有兩幅圖，保留在土耳其托普卡帕（Tpokapi）皇宮博物館。一幅是明朝武官圖，源自白羊王朝的畫冊。一幅是白馬圖，源自薩法維王朝的畫冊，都在蘇萊曼一世時進入土耳其伊斯坦布爾的托帕卡帕皇宮。1506年，薩法維王朝的創立者亦思馬因佔領大不里士，白羊王朝的宮廷圖書館變成薩法維王朝的宮廷圖書館。1514年，奧斯曼帝國攻佔大不里士，又掠奪到土耳其。土耳其的托普卡帕皇宮博物館，還藏有一幅〈白海青圖〉，應該就是朱棣送給沙哈魯的海東青，由明朝的宮廷畫家繪出，同時被帶給沙哈魯。[23]我認爲，從明朝和帖木兒帝國的宮廷畫交換來看，明代〈絲路山水地圖〉很可能在此歷史背景下產生。

沙哈魯在1419年（永樂十七年）派出一個龐大的使團訪問中國，11月離開赫拉特，1420年2月離開撒馬爾罕。由於很多商人隨行，到達甘肅的人數有510人。12月到達北京。1421年5月離開北京回國，1422年9月回到哈烈。使團經過塔什干、賽藍、阿思巴拉、吐魯番、哈密、肅州、甘州，[24]很多地方和〈絲路山水地圖〉重合。而且根據使團成員的記載，到肅州之前經過一個峽谷中的城堡，使團在此

22　[美]約瑟夫·F. 弗萊徹：《1368—1884年間的中國與中亞》，[美]費正清編、杜繼東譯：《中國的世界秩序》，中國社會科學出版社，2010年，第210—212頁。

23　馬順平：《永樂時期與帖木兒帝國的文化交流——土耳其托普卡帕皇宮博物館所藏〈牽馬圖〉、〈海青圖〉研究》，2015年9月1—9日，中外關係史學會、塔里木大學、第一師阿拉爾市主辦：絲綢之路核心區高峰論壇發表，《絲綢之路核心區高峰論壇論文集》第400—412頁。

24　[波斯]火者·蓋耶速丁著、何高濟譯：《沙哈魯遣使中國記》，北京：中華書局，2002年。

接受守關者的登記才放行，有學者懷疑這個城堡是嘉峪關。[25]

沙哈魯、兀魯伯甚至和他們各省的總督，都組織了到中國貿易的商隊，來回平均要九個月，運回各種絲織品、瓷器、銀子、鏡子、紙張等，同時把馬匹、駱駝、麝香、紡織品等運到中國。布哈拉等地產生了支票兌換，兀魯伯等統治者也參與金融投資。[26]巴布爾說，兀魯伯在撒馬爾罕的科西克山西麓的花園建了一個瓷廳（中國廳），瓷磚是從中國採購。[27]

明朝還想開通一條經過哈實哈兒（喀什）到八答黑商（巴達赫尚）的商路，永樂六年（1408年）七月：「遣內官把泰、李達等齎敕往諭八答黑商、葛忒郎、哈實哈兒等處，開通道路，凡遣使往來，行旅經商，一從所便。」[28]這條路能解釋明代〈絲路山水地圖〉的兩大路線由來，下一章再細說。這條新路經過的地方雖然不在帖木兒帝國的核心，但是無疑也得到了帖木兒帝國的許可，說明此時中亞各地的貿易非常繁榮。

除了哈烈，帖木兒帝國境內的撒馬兒罕、失剌思、亦思弗罕等地也多次遣使朝貢。《明史·西域傳》說：「亦思弗罕，地近俺的干，永樂十四年使俺都准、撒馬兒罕者，道經其地，賜其酋文綺諸物。十七年，偕鄰國失剌思，共貢獅、豹、西馬。」前人指出，從遣使的

25　[英]H. 裕爾撰、[法]H. 考迪埃修訂、張緒山譯：《東域紀程錄叢》，雲南人民出版社，2002年，第242—259頁。

26　[塔吉克斯坦]阿西莫夫、[英]博斯沃思主編、華濤譯：《中亞文明史》第四卷，第278頁。

27　[印度]巴布爾著、王治來譯：《巴布爾回憶錄》，北京：商務印書館，1997年，第77頁。

28　《明實錄·宗實錄》卷五七。

情形來看，亦思弗罕、失剌思就是伊朗的設拉子、亦思弗罕。[29]所謂靠近俺的干，是明代中國人的誤解，因爲和俺的干人一起來中國，所以中國人有此誤解。這種誤解，在明代的朝貢記載中不止一例。巴布爾的回憶錄說，馬爾格蘭的西南是伊斯法拉，居民是說波斯語的薩爾特人，[30]曾經穿過這個河谷的斯文·赫定記作伊斯法蘭（Isfaïran）。[31]伊斯法拉，讀音接近亦思弗罕，或許因此產生了誤解。

從洪武到正統的62年間，帖木兒帝國境內遣使次數是：撒馬爾罕40次、哈烈15次、失剌思6次、亦思弗罕2次、八答黑商2次、賽藍2次、討烈思2次、俺都淮2次，共占明朝與帖木兒王朝往來次數的76%。土木之變後，明朝降低了給撒馬爾罕、哈烈的賞賜，限制其進貢次數。此時因爲明朝國力的衰落，東西方的貿易也隨之蕭條。[32]

雖然<絲路山水地圖>不是沙哈魯的使團繪製，但是<絲路山水地圖>的出現源自沙哈魯時期開創的中亞和平局面。<絲路山水地圖>地圖經過帖木兒帝國的都城撒馬爾罕和黑樓（赫拉特），正是因爲這些地方最重要。

可惜這種和平繁榮局面的時間不長，1435年，哈烈（赫拉特）因爲鼠疫而死亡100萬人，帖木兒帝國已經不可避免地走向衰退。沙哈魯死於1447年（正統十二年），繼任的兀魯伯也是學者、藝術家，

29　張星烺編注、朱傑勤校訂：《中西交通史料彙編》，第1261—1262頁。

30　[印度]巴布爾著、王治來譯：《巴布爾回憶錄》，第7頁。

31　[瑞典]斯文·赫定著、趙書玄、張鳴、王蓓譯：《穿過亞洲》，新疆人民出版社，2013年，第67頁。

32　張文德：《朝貢與入附—明代西域人來華研究》，蘭州大學出版社，2013年，第17頁。

他對帝國的控制力很弱。兀魯伯很快在1449年（正統十四年）被兒子阿不都‧剌迪甫（Abd al-Latif）派人刺殺，從此帖木兒帝國陷入內亂和分裂，60年後就滅亡了。

值得注意的是，明代〈絲路山水地圖〉上的西域各城的城牆全是方形，唯有黑樓（赫拉特）是罕見畫成圓形城牆的城市。圖上的方形、圓形城牆不是真實寫照，而是源自西域商人畫的方框、圓框符號。

對比〈西域土地人物圖〉可知，凡是重要城市才畫成圓形以突出其地位。所以〈絲路山水地圖〉上的黑樓（赫拉特）畫成圓形，正是表現都城的重要地位。現實中的赫拉特古城是方形，不是圓形。所以我認為這是帖木兒帝國分裂之前的情況，很可能是1449年（正德十四年）之前繪製，再次證明此圖是正統年間繪製，而不會太晚。

明代〈絲路山水地圖〉的黑樓城

　　兀魯伯的兒子剌迪甫卽位後不久，也被人殺死，帖木兒的曾孫不賽因（Abu Said）於1452到1469年繼位，1457年進入赫拉特。1469年，白羊王朝的建立者烏宗·哈桑（Uzun Hasan）在滅亡黑羊王朝的過程中，求援不賽因，不料不賽因反而支持黑羊王朝，進軍阿塞拜疆，遇到了嚴寒的天氣，糧草不濟，反而被烏宗·哈桑擒殺。

　　帖木兒次子的孫子忽辛·拜哈喇（Husain Bäiqara）於1469到1506年在赫拉特繼位，不賽因的兒孫們在撒馬爾罕、希薩爾（Hisar）、安集延（Andizhan）、布哈拉（Bukhara）等地各自割據，帖木兒帝國四分五裂，逐漸走向滅亡。不賽因的孫子巴布爾攻佔了印度，在印度建立了龐大的蒙兀兒（莫臥兒）帝國，直到英國人征服印度。

　　烏茲別克人在沙哈魯時代就已經佔領了錫爾河流域，他們的首領馬哈木·昔班尼（Muhammad Chäibani）開始吞併帖木兒帝國的疆土，建立了昔班尼王朝。1507年，攻入帖木兒帝國都城赫拉特，殺死所有帖木兒世系王公。〈絲路山水地圖〉上的黑樓（赫拉特）是突出的圓形首都地位，所以此圖更不可能晚於1507年（正德二年）。

　　我們還要注意，〈絲路山水地圖〉的撒馬兒罕城外畫有一個突出的望星樓，這是圖上唯一的西域城外建築，而且畫得非常宏偉。

明代〈絲路山水地圖〉的撒馬兒罕、望星樓

　　這正是兀魯伯在撒馬爾罕北郊建立的天文臺，1422年落成。天文臺是一座占地很廣的圓柱形三層建築，矗立在王宮的花園中。根據《巴布爾回憶錄》和考古發現，可知巨弧拱有60多米。中廳周圍，還有實驗室和研究室。兀魯伯支持的一群科學家在天文臺編制了《天文年表》，長期爲歐洲人使用。[33]現在僅存地基和大理石製作的牆象限儀保存下來。所以這幅地圖的時代應該和兀魯伯相去不遠，最遲在帖木兒帝國滅亡之前。

33　[印度]巴布爾著、王治來譯：《巴布爾回憶錄》，第76頁。[法]魯保羅著、耿昇譯：《西域的歷史與文明》，第448—449頁。

雖然〈絲路山水地圖〉的望星樓是中國建築，但這是中國畫家改繪，在西域人提供的原圖上應該也很突出。根據現在的考古發現和文獻記載等研究，天文臺原來是三層建築，〈絲路山水地圖〉的望星樓似乎也是三層，可能因爲西域人提供的原圖就畫成三層。〈西域土地人物圖〉說到撒馬爾罕城北有望日樓，望日樓是望星樓的形訛。幸而〈絲路山水地圖〉保留瞭望星樓的正確寫法，這個天文臺的主要作用是觀測星象。

林著也說到，兀魯伯被謀殺後，天文臺就被宗教極端分子破壞了。問題是，既然天文臺早已被破壞了，就不可能還以嶄新的樣子，出現在一百年後嘉靖時期的地圖上。所以我認爲，從這一點來看，〈絲路山水地圖〉就不可能是嘉靖時期繪製，而只能是在正統時期繪製。

這幅圖上還有一個奇怪的地方，標名俄撒剌，但是畫成一堆散亂在地上的箭。林著認爲，俄撒剌在今新疆烏恰縣，其西的亦乞咱打班在烏茲別克斯坦的西部，都未說明具體位置。[34]

我認爲，亦乞咱打班就是今烏恰縣西部的伊爾克什坦（Irkshtam）山口之西的達坂，從古到今都是重要通道，今天仍然是中國和吉爾吉斯斯坦之間的重要口岸。亦乞咱就是Irkshtan的音譯，乞的古音是ke。打班即達坂，指山口。俄撒剌確實是今烏恰縣的吾合沙魯鄉，箭頭可能表示結束不久的戰爭，這是幫我們斷定這幅地圖年代的一個重要線索。

34　林梅村：《蒙古山水地圖》，第151頁。

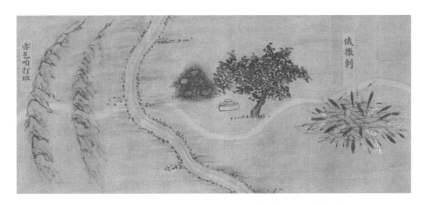

明代〈絲路山水地圖〉的俄撒剌、亦乞咱打班

　　東察合台汗國在也先不花二世時期（1429—1462年）收復了被帖木兒帝國佔領的喀什，烏恰縣恰好在喀什之西。這幅地圖是在正統年間繪製，正是在也先不花二世時期。

　　帖木兒死後，土庫曼人在伊朗先後建立了黑羊王朝（1407—1468）和白羊王朝（1467—1514年）。黑羊王朝的建立者卡拉優素福·本·卡拉·穆罕默德，驅逐了帖木兒帝國的勢力，殺死了帖木兒封在西亞的第三子米蘭沙（MIran Shah）。沙哈魯爲了給兄長報仇，進軍到阿塞拜疆，卡拉優素福在突然去世，他的兒子阿西肯達爾·本·卡拉優素福戰敗。沙哈魯退回呼羅珊，黑羊王朝仍然佔據阿塞拜疆，逐漸擴展到庫爾德、亞美尼亞等地。1429年，黑羊王朝攻佔蘇丹尼耶，沙哈魯再次反攻獲勝，仍然未徹底滅亡黑羊王朝。阿西肯達爾逃亡，1435年在埃爾祖魯姆被殺。

　　繼任的只罕沙（Djahan Chah，1435—1467）的在1440年擊敗格魯吉亞人，奪取伊拉克，1446年攻佔法爾斯、克爾曼等地，1458年攻佔赫拉特，統一了伊朗。1467年，被白羊王朝的建立者烏宗·哈桑（Uzun

Hasan，1467—1477）打敗，黑羊王朝很快在次年滅亡。[35]

奧斯曼帝國遣使中國，正是在1430年前後出發，這時帖木兒帝國壓制了黑羊王朝的擴張，又向中國派遣了友好使團，所以奧斯曼帝國的使者能夠穿過沙哈魯的帝國，迅速到達中國。

三‧〈絲路山水地圖〉的全球時代背景

我們還要注意，帖木兒帝國進入戰亂的時代，正是吐魯番進攻哈密和甘肅的戰亂時代，二者或許有關。帖木兒帝國衰亡，使得其無力進攻其東部的東察合台汗國，所以東察合台汗國的統治者才能夠放心地東征哈密和甘肅。

帖木兒帝國衰亡時，白羊王朝也被波斯人的薩法維王朝取代。薩法維王朝的建立者沙‧亦思馬因（Shah Isaïl）在1501年定都大不里士，1503年進軍設拉子，滅亡白羊王朝。1505年佔領亞茲德，1508年佔領巴格達，1510年佔領呼羅珊，在馬雷打敗烏茲別克人，1516年佔領阿姆河以南。[36]

薩法維王朝源自什葉派，奧斯曼帝國、埃及馬木魯克王朝都是遜尼派，所以想聯合滅亡薩法維王朝。薩法維王朝的傳教士煽動奧斯曼帝國東部的叛亂，1514年奧斯曼的軍隊東征，打敗薩法維王朝，佔領了庫爾德斯坦。薩法維王朝處於劣勢，所以經常在邊疆堅壁清野，利用高山地形，避免直接作戰。奧斯曼帝國進攻馬木魯克

35　[伊朗]阿寶斯‧艾克巴爾‧奧布梯揚尼著、葉奕良譯：《伊朗通史》，第705—709頁。

36　[伊朗]阿寶斯‧艾克巴爾‧奧布梯揚尼著、葉奕良譯：《伊朗通史》，第718—721頁。

王朝控制的地中海東岸，1516年佔領阿勒頗、大馬士革。1517年佔領開羅，滅亡馬木魯克王朝。[37]

1511年，巴布爾聽說昔班尼被薩法維王朝的創建者伊斯瑪伊爾殺死，立即起兵，想收復失地，重建帖木兒帝國。但是因為薩法維王朝基於什葉派而建立，屠殺河中地的遜尼派信徒，連累巴布爾也得不到河中地人民的支持，最終返回印度。河中地陷入分裂，希瓦汗國趁機獨立。此後，昔班尼王朝和薩法維王朝長期戰爭，1530年在阿姆河劃定邊界。

薩法維王朝和奧斯曼帝國、昔班尼王朝三方頻繁的戰爭，嚴重阻礙了絲綢之路。所以〈絲路山水地圖〉、〈西域土地人物圖〉都不是在這一段時期產生，而恰恰是在這一段戰爭時期的前後產生。

而且中亞的很多城市仰仗貿易，一旦某個地區發生戰亂，梗阻商路，會殃及同一條商路上的其他地區。吐魯番多次向明朝索取巨量綢緞，可能正是因為中亞的戰亂，阻礙商路，從西方經吐魯番到中國的商品減少，從中國輸入吐魯番的綢緞也自然減少。因此，我們如果定明代〈絲路山水地圖〉在哈密、吐魯番和帖木兒帝國共同的和平時期，或許不錯。

有一部比〈絲路山水地圖〉稍晚的名著《中國紀行》，作者是賽義德·阿里·阿克巴爾·契丹（Seid Ali Akbar Khatai），用波斯語寫成，有人認為夾雜東部突厥語，作者很可能是阿姆河以東人。[38]他的名字說明其父母有一方是西亞人，一方是中國人，所以帶有契丹也

37　[美]斯坦福·肖著、許序雅、張忠祥譯：《奧斯曼帝國》，第110—115頁。

38　阿里·阿克巴爾著、張至善譯《中國紀行》，三聯書店，1988年，第306—310頁。

即中國。[39]這部書說到現任中國皇帝Kin Tai（景泰）的父親Cin Khwar（成化）皇帝被瓦剌人俘虜，說到回曆902年（1496年，弘治九年）的陝西大旱，說到了正德帝的豹房，德國人卡萊認爲作者是弘治到正德時在中國，小田壽典認爲正德也可能寫成kin-ti，所以書中的景泰可能是正德之誤。[40]有人認爲作者沒有來到中國，我認爲作者應該來過中國。無論是否來到，這部書反映了西域商人對中國的認知。

　　我認爲，景泰和正德的讀音差別很大，正不會讀成kin，正德和成化也不是父子輩，所以前人關於正德的推斷是誤解。如果作者是正德初年中國，則很可能在弘治時期來華。但是全書不提弘治、正德之號，說明作者不是在此時來華。成化是正統帝之子，是景泰帝之侄，總之是父子輩，很可能因爲抄本顛倒，而不是原書的錯誤。這部書的末尾所記時間是回曆922年（1516年，正德十一年），但是開頭則是獻給蘇萊曼一世（1520—1566年）的讚歌，說明在1520年後還有修改。既然陸續有修改，則1516年也未必是最終寫成時間。如果作者關於正德帝的描述是從後來到過中國的商人那裡聽說，則作者在中國的時間也可能是在天順、成化時期。如果作者是在天順時（1457—1464年）來華，則也在明英宗時期，時間比〈絲路山水地圖〉祖本產生的時間稍晚，但是大致在同一時代。作者的父母很可能是在正統年間（1436—1148）前後結合，這正是〈絲路山水地

39　[伊朗]伊敬華著、葉奕良譯：《我對阿里・阿克巴爾著一書的看法》，
　　阿里・阿克巴爾著、張至善譯《中國紀行》，第307—309頁。

40　[德]保爾・卡萊著、張至善譯：《有關1500年前後中國情況的伊斯蘭歷
　　史材料》、[日]小田壽典著、郭汾著：《十六世紀初有關中國的伊斯蘭史
　　料》，阿里・阿克巴爾著、張至善譯《中國紀行》，第286—288頁。

圖〉產生的年代，也是絲綢之路繁盛的年代。作者在天順時來華，帖木兒帝國仍然在相對和平的年代。

大約在同時期，還有一個伊朗陀拔斯（Tabas）商人在1500年前的數年，到過中國肅州，攜帶中國的大黃到威尼斯出售，遇到研究《馬可波羅遊記》的學者拉木肖（Ramusio），他敘述的中國情況拉木肖記載下來，回程經過肅州、哈密、吐魯番、叉力失（Chialis）、庫車、阿克蘇、喀什喀爾、撒馬爾罕、布哈拉、赫拉特（Eri）、維萊米（Veremi）、卡斯賓（Casbin）、蘇丹尼耶、大不里士。[41]這個商人到中國大約也在成化、弘治時，這或許不是巧合。

其實正統前期，也是明朝相對安定時期。從正統晚期開始，明朝也進入戰亂期。正統十四年（1449年），也先攻打大同，分兵攻打甘州和遼東。明英宗北征，聽信司禮監太監王振的讒言，八月十五在土木堡被瓦剌人俘虜。十八日，皇太后命明英宗之弟朱祁鈺監國，九月稱帝，次年改元景泰。十月發生北京之戰，瓦剌被打敗。景泰元年（1450年）八月，瓦剌放回朱祁鎮。景泰八年（1457年），朱祁鎮復辟，改元為天順元年，殺掉保衛北京的功臣于謙。朱祁鎮不僅不反思以前的過失，反而追封奸臣、罪人王振的官位，任由主導復辟的石亨、曹吉祥把持朝政。天順三年（1459年），曹吉祥集團發動叛亂，被朱祁鎮平定。

從正統時期開始，因為明朝的統治愈發腐敗，所以中國進入一個大規模內亂頻發的時期。正統十年，在浙南活動的葉宗留等人進攻江西永豐，又轉移到浙江南部和福建西北部。十三年（1448年），葉

41　[英]H. 裕爾撰、[法]H. 考迪埃修訂、張緒山譯：《東域紀程錄叢》，第260—264頁。

宗留被明軍殺死，但是陳鑒胡率領另一支隊伍，稱太平國王，不久被殺，餘部持續到景泰元年（1450年），歷時六年。正統十三年，鄧茂七等人在閩西起兵，攻佔沙縣，稱鏟平王。次年，鄧茂七戰敗被殺。

正統十三年，廣東南海縣沖鶴堡（今屬順德勒流鎮）人黃蕭養，起兵攻打廣州，自稱東陽王，廣東瑤族、漢族都起兵回應。景泰元年，黃蕭養戰敗被殺，餘部持續到次年。

正統八年（1443年），浙江黃岩縣人周來保、福建龍溪縣（今龍海）人鐘普，勾結倭寇，沿海劫掠台州桃渚所（在今臨海）、寧波大嵩衛（在今象山）等地。九年（1444年），潮州海盜打造千料大船，攻殺福建官軍，往來海外。十四年（1449年），漳州龍溪縣海盜圍攻玄鐘所（在今詔安）、海陽縣（今潮州），殺傷很多。汀州鄧茂七餘部，也劫掠潮州。景泰三年（1452年），龍溪縣人嚴啟盛劫掠廣東海豐、新會等地，殺死都指揮杜信，直到天順二年（1458年）才在香山縣大井洋（在今珠海）被明軍剿滅。[42]

景泰七年（1456年），廣西的瑤族、壯族起兵。天順七年（1463年），大藤峽瑤族攻入梧州，成化元年（1465年），韓雍攻佔大藤峽，改名斷藤峽。直到成化八年（1472年），才基本鎮壓。正德十一年（1516年），明軍進攻大藤峽，改名永通峽。嘉靖六年（1527年），王守仁再次平定大藤峽。十五年（1536年），大藤峽民眾再次起兵，十八年（1539年）被平定。

成化元年（1465年），荊襄流民劉通在湖北房縣起兵，稱漢王，

42　張侃：《從月港到十字門：明代漳州海商嚴啟盛史事補論》，《廈大史學》
　　第四輯，廈門大學出版社，2013年，第223—251頁。周運中：《從嚴啟盛事
　　蹟看澳門與珠海興衰史》，澳門《文化雜誌》中文版，第101期，2017年。

被明軍鎮壓。輾轉到四川,最終失敗。六年,又有流民李原在湖廣、陝西、河南交界處起兵,稱太平王,,次年被俘。

正德三年 (1508年),四川保寧 (治今閬中) 人劉烈起兵,到六年被鎮壓。同年,曹甫在江津起兵,九年被鎮壓。

正德五年 (1510年),劉六、劉七在河北霸州 (今霸縣) 起兵,轉戰山東、河南、南直隸、湖廣等地。七年 (1512年),被鎮壓。

正德六年 (1511年),江西撫州、饒州 (治今鄱陽)、瑞州 (治今高安)、贛州等地民眾起兵。十三年 (1518年),江西等地的武裝被鎮壓。[43]

正統晚期開始的戰亂,歷經景泰、天順、成化、弘治、正德,涉及浙江、江西、福建、廣東、廣西、湖北、四川、河北、甘肅、山西、遼寧等地,遍佈中國南北。涉及福建、廣東的海疆,起義民眾包括瑤族、壯族等多個民族。

這個中國各地普遍多戰亂的時期不太可能是〈絲路山水地圖〉形成的時代。阿里·阿克巴爾的《中國紀行》詳細記載了中國各地的情況,但是不提中國各地的戰亂,書中所說的中國似乎是一片祥和。這也說明作者來到中國的時間,不太可能在弘治、正德時期,而應在更早的成化時期。

所以〈絲路山水地圖〉產生的背景是東西方總體安定繁榮的時期,我們不能忽視這幅精美地圖產生的歷史大背景。

43　南炳文、湯綱:《明史》,上海人民出版社,2003年,第321—349頁。

第三章　〈西域土地人物圖〉繪於嘉靖

　　我認爲，明代〈絲路山水地圖〉不僅不是〈西域土地人物圖〉的同源地圖，甚至不是同一時代，相隔百年。〈西域土地人物圖〉的繪製時間已經是明代晚期的嘉靖時期，這兩個時代的兩幅圖有不同的時代背景，中間相隔的是一個戰亂期，所以兩幅圖不能籠統討論。

一・〈絲路山水地圖〉和〈西域土地人物圖〉的關係

　　前人認爲〈絲路山水地圖〉和〈西域土地人物圖〉是同源地圖，有人認爲前者是祖本，有人認爲後者是祖本。我認爲這兩種看法都不對，二者有同源關係，但是可能都源自另一種西域人畫的地圖，而不是這兩種地圖之間互爲派生。這兩種地圖的差別很大，表現在：

　　1.〈絲路山水地圖〉採用中國傳統山水畫的畫法，多數西域城市都是中國城牆形態，城樓採用中國傳統界畫的畫法。而〈西域土地人物圖〉的城市都是方框或圓框簡單表示。

　　明代中國畫家在畫〈絲路山水地圖〉時，依據的西域商人地圖，很可能已有簡單的山水形勢，或者在繪畫時一邊詢問西域商人。所以圖上的一些重要打班（達坂）能畫出彎曲的山路，比如著

名的鐵門關，在今新疆庫爾勒北部，歷史上是重要的山口。我在
2017年8月考察了鐵門關，現在鐵門關不在從吐魯番到庫爾勒的大
路上。今天的大路走直線，但是經過荒漠，古人沿有水的地方行
走，所以必經鐵門關。鐵門關在彎曲的河谷中，今上游建有水庫，
當地自然面貌和古道的遺跡受到一定程度的改造，但是古代關口
遺址還有一些保留。

明代〈絲路山水地圖〉的鐵門關

庫爾勒的鐵門關

2.〈絲路山水地圖〉上看不到各族人和動物，而〈西域土地人物圖〉畫有很多人物和動物。

3.〈絲路山水地圖〉的終點是戎（Rum，今伊斯坦布爾），而〈西域土地人物圖〉的終點也是魯迷，雖然是同一個地方，但是前者是示意性標出，後者則詳細畫出了小亞細亞半島的很多地方。

4.〈絲路山水地圖〉畫有明確道路，而〈西域土地人物圖〉不畫道路。

5.〈絲路山水地圖〉和〈西域土地人物圖〉的地名不同，甚至同一地方的譯名也不同。這兩幅圖連甘肅省西北部的地名也不同，〈西域土地人物圖〉多出小赤斤、柴城、缽和寺、卜隆古兒，〈絲路山水地圖〉多出三棵樹、回回墓、討失干。〈西域土地人物圖〉的哈剌兀、文班城，〈絲路山水地圖〉作阿剌兀、義班城。雖然二者都有扇馬城（騸馬城），但是〈絲路山水地圖〉的扇馬城在赤斤城東南，而〈西域土地人物圖〉的扇馬城在赤斤城之北，據明代各種書籍記載，騸馬城在赤斤東南，今騸馬城遺址仍在玉門市東南，所以〈絲路山水地圖〉扇馬城位置正確。如果我們比較全圖地名，很容易發現有極多不同的地名，本文限於篇幅，暫時不把兩幅圖的幾百個地名一一對比。

6.〈西域土地人物圖〉很多地名見於《西域土地人物略》，而不見於〈絲路山水地圖〉，說明〈西域土地人物圖〉和〈絲路山水地圖〉不是互相派生關係，而是有部分內容源自另一種西域地圖。

比較而言，〈西域土地人物圖〉的地名更為錯亂，而且很多地方簡化得看不出本來面目。比如哈失哈力（今喀什）之西畫了類似

網狀的物體，顯然是〈絲路山水地圖〉俄撒剌（今烏恰縣吾合沙魯）那堆箭的簡化。

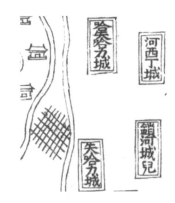

〈絲路山水地圖〉俄撒剌的亂箭（左）在〈西域土地人物圖〉（右）的變形

二・魯迷入貢與〈西域土地人物圖〉由來

魯迷（今伊斯坦布爾）是〈西域土地人物圖〉的終點，雖然在正統年間已用戎的名號來過中國，但是再次在中國史書出現，要到嘉靖三年（1524年）。魯迷的翻譯比戎更接近現代漢語，或許是翻譯者早已忘記正統年間的翻譯，不明白戎和魯迷其實是一個國家。

陳仁錫《皇明世法錄》卷八一《魯迷》說：「魯迷，或云地屬哈烈。嘉靖三年，其王遣使，自甘肅入貢獅子二、西牛一。」茅瑞征《皇明象胥錄》卷七《魯迷》說：「魯迷，不詳所始，嘉靖三年，其王遣使，自甘肅入貢獅子二、西牛一。」另何喬遠《名山藏》卷一百七、申時行《大明會典》卷一百七等書有類似記載，嚴從簡《殊域周諮

錄》卷十五《哈烈》附說魯迷，看似是說嘉靖四年魯迷入貢，但已有學者指出，其實仍是嘉靖三年，因爲這是嘉靖四年對此前魯迷入貢的批示，還提出明代前中期記載的魯密和肉迷，不一定是魯迷。[1]

無論是正統還是嘉靖時期的魯迷，都是奧斯曼帝國。〈西域土地人物圖〉的終點在魯迷（今伊斯坦布爾），正是源自嘉靖三年魯迷入貢帶來的地理資訊。因爲〈絲路山水地圖〉是正統年間繪製，而〈西域土地人物圖〉是嘉靖年間繪製，所以兩幅圖的差異太大，絕非同源地圖。不過因爲很多路途重合，所以有很多內容可以對應而已。

奧斯曼帝國（魯迷）是一個很遠的地方，很難到達中國，很少有人來到北京朝貢。所以魯迷入貢引起了明朝官方的重視，特別認眞收集了魯迷朝貢的路程資訊，決定畫一幅西域路程全圖，這就是我們現在看到的〈絲路山水地圖〉。

嘉靖年間，奧斯曼帝國之所以再次入貢，因爲奧斯曼帝國吞併埃及後，在東方的戰爭減少。蘇萊曼一世（1520—1566年）時，長期在歐洲作戰，發動了三次匈牙利戰爭。直到1533年，奧斯曼和匈牙利簽訂和約，才開始東征。1534年攻佔巴格達，1538年使巴士拉臣服。[2]

嘉靖初年的奧斯曼遣使中國，正是在奧斯曼帝國和薩法維王朝的二十年和平時期，也卽1514—1534年間。到了嘉靖十二年（1533

1　馬一：《明代魯迷、魯密辯證》，《哈爾濱大學社會科學學報》2011年第4期。

2　[美]斯坦福·肖著、許序雅、張忠祥譯：《奧斯曼帝國》，第123—128頁。

年），奧斯曼帝國準備重新東征，就不可能再有商團來到中國。

奧斯曼帝國在西方長期作戰，必須要穩定東方，開拓商路，所以商人利用這一段和平時期來到中國，才有了嘉靖初年的〈西域土地人物圖〉。

查理五世出使奧斯曼帝國的使者布斯波克，遇到一個曾經到過中國的土耳其人，講述了他跟商隊，經過伊朗、撒馬爾罕、布哈拉、塔什干，到中國的經歷，時間是在1560年前的數年，[3] 正是在嘉靖時期。如果也是在嘉靖初年，則和奧斯曼商人再次來到中國的時間吻合，這可能不是巧合。

亨利·裕爾的名著《東域紀程錄叢》結尾的兩篇中國行紀，恰好和阿克巴爾的《中國紀行》、〈西域土地人物圖〉產生的時代大致吻合，可能稍晚於〈絲路山水地圖〉，但時間相距也不遠。

三·〈絲路山水地圖〉、〈西域土地人物圖〉和哈密、瓦剌

成化九年（1473年），吐魯番蘇丹阿力，攻入明朝扶持的藩屬哈密，虜哈密王母及金印。哈密王母的外甥畏吾兒都督罕慎，逃到苦峪城。朝廷派高陽伯李文、右通政劉文到前線，他們僅調集罕東、赤斤番兵數千，駐紮苦峪，不敢出兵哈密，從此吐魯番更加輕視明軍。十八年（1482年），明朝封罕慎爲忠順王。二十年（1484年），明朝送罕慎回哈密。

有人說吐魯番的蘇丹阿力就是東察合台汗國的羽奴思可汗，

3　[英]H. 裕爾撰、[法]H. 考迪埃修訂、張緒山譯：《東域紀程錄叢》，第267—268頁。

阿力是常見的名字。又說《明實錄》記載從成化十七年到二十三年，土魯番的首領是兀也思王，應是吐魯番酋豪的名號，而羽奴思的名號是哈實哈兒王。《明憲宗實錄》卷二百九十記載成化二十三年（1487年）：「羽奴思王子鎖檀阿（黑）麻王，復侵奪察力失等四城。」弘治元年（1488年），羽奴思征服吐魯番，殺死哈密忠順王罕慎，兀也思王就不再出現。[4]

　　魏良弢已指出，阿力不是羽奴思。[5]劉國防認爲，阿力可能是《拉失德史》所說的異密·速檀·阿里·劄刺思，此人從也先不花時代起就擁兵獨立，被阿黑麻殺死。[6]我認爲阿力顯然不是羽奴思，羽奴思死於1487年。阿力雖然是常見的名字，但是羽奴思也是名人，不可能有這樣常見的名字而不見於史書。也先不花二世死後，他的兒子篤思忒·馬黑·汗繼位，死於1468年。另一個兒子怯伯·速檀·烏黑蘭，被人挾持到察力失和吐魯番，擁立爲王，1472年被殺。所以吐魯番的蘇丹阿力，顯然是地方的酋豪。《高昌館課》記載有火州王，卽高昌的酋豪。羽奴思的名號是哈實哈兒王，說明羽奴思顯然不是吐魯番的酋豪。馬文升《興復哈密記》說，成化十四年（1478年），阿力去世，其子阿黑麻繼位。《殊域周諮錄》說阿黑麻是阿力之弟，這個阿黑麻或許就是羽奴思的兒子阿黑麻，阿黑麻征服了吐魯番，而明朝人誤解爲吐魯番酋豪阿力的兒子或弟弟。前人未能看到馬文升的這句話，因而不能確定阿黑麻征服吐魯番的確

4　　田衛疆主編：《絲綢之路吐魯番研究》，新疆人民出版社，2009年，第237—239頁。

5　　魏良弢：《明代及清初土魯番統治者世系——兼述東察合台汗國之變遷》，《歷史研究》1986年第4期。

6　　劉國防：《關於明代前期土魯番統治者世系的幾個問題》，《新疆大學學報》（哲學人文社會科學漢文版）1997年第4期。

切時間。在1473年時，羽奴思的勢力一時還不能直接控制吐魯番，所以阿力在吐魯番的實際統治仍然持續。正是因爲羽奴思受到帖木兒帝國的扶持，從西部回到東察合台汗國，一路東征，所以吐魯番的勢力有可能趁西部戰亂吞併哈密。而且吐魯番等東部勢力先前站在羽奴思的對立面，所以侵吞哈密也是他們的一條退路。總之，哈密被吐魯番侵吞其實是由國際形勢決定。

羽奴思因爲早年投靠帖木兒帝國，適應中亞的城市生活，他的都城在阿克蘇，但是晚年住在賽藍，死於1487年。其長子馬哈木汗繼位，住在塔什干。很多跟隨他們的草原蒙古人不願住在城市，擁立羽奴思的少子阿黑麻，遷都吐魯番。阿黑麻汗尙武嗜殺，兩次打敗瓦剌，被瓦剌人稱爲阿剌扎（嗜殺）汗，有侵吞哈密的實力，[7]所以又出現了吐魯番長期吞併哈密事件。

弘治元年（1488年），哈密的回回勾結吐魯番，殺罕愼。五年（1492年），明朝送安定王之裔陝巴到哈密，襲封忠順王。吐魯番又虜陝巴及金印，令牙木蘭佔據哈密。六年（1493年），兵部尙書馬文升、右侍郎張海、都督僉事緱謙受命經略邊防，張、緱閉嘉峪關，斷絕各地西番入貢。因爲不進圖本，無功而還，都被定罪降職。

馬文升認爲必須用兵哈密，打壓吐魯番的囂張氣焰，徵召肅州撫夷指揮楊翥進京，獲知有一條從罕東到哈密的近路。八年（1495年），馬文升命肅州副總兵彭淸，由南山走近路到罕東，聯合番兵，進攻哈密。但是明軍在嘉峪關外，未等到番兵，獨自出發，走了一條水草缺乏的道路。牙木蘭提前得知明軍來攻，退出哈密。九年

7　魏良弢：《葉爾羌汗國史》，黑龍江教育出版社，1994年，第38頁。

（1486年），阿黑麻遣使入貢，提出用金印交換先前被明朝扣留的使者。十年（1497年），吐魯番送陝巴和金印回哈密。十一年（1498年），明軍取陝巴到甘州（治今張掖），哈密有很多人不願回去，一半留在肅州（治今酒泉）。十二年（1499年），陝巴回到哈密。十三年（1500年），吐魯番、黑樓等國恢復入貢。[8]

罕東衛原來在青海，宣德七年北遷，《明史·罕東衛傳》說在嘉峪關的西南，靠近南山也卽祁連山。[9]罕東到哈密的近路，卻不是再沿祁連山向西，而是從苦峪城向北。親自主持此戰的甘肅巡撫許進說，明軍走的是羽集乜川路，[10]羽集乜卽羽寂滅，《肅鎮華夷志》所說：「一道自苦峪，歧而少北，至羽寂滅，歷阿赤等地，皆山口石路，甚爲險厄，馬必腳靫艱行。」這條路靠近瓦剌，因此許進聯合了在把思闊（巴里坤湖）的瓦剌人，共同進攻哈密。正是因爲弘治時期用兵，開闢了新路，所以《肅鎮華夷志》下文又說：「按弘治前，里至與今少異。」

此時，正是烏茲別克人的昔班尼汗侵吞帖木兒帝國時，所以阿黑麻汗率軍援救其兄長馬哈木汗。因此吐魯番才和明朝修好，退還哈密。阿黑麻汗被打敗，回到阿克蘇，在1503年病死。阿黑麻汗的長子滿速兒汗繼位，管轄吐魯番、察力失、庫車，都城在吐魯番。滿速兒汗的弟弟賽義德，從費爾干納殺回，建立了葉爾羌汗國，管轄喀什、葉爾羌，又取得了阿克蘇。因爲滿速兒的統治地域

8　[明]馬文升：《興復哈密記》，《續修四庫全書》第433冊，第253—256頁。

9　鄧銳齡：《明初安定、阿端、曲先、罕東等衛雜考》《歷史地理》第二輯，第63—65頁。

10　[明]許進：《平番始末》，《續修四庫全書》第433冊，第268頁。

縮小，所以又謀劃吞併哈密。[11]

　　弘治十七年（1504年），哈密回回首領寫亦虎仙設計迎立阿黑麻汗的次子眞帖木兒，陝巴逃到沙州。明朝送陝巴回哈密，但是很快去世，子拜牙卽登位，明軍帶眞帖木兒回甘州。寫亦虎仙在被明朝處死之前，招供他早年假託朝貢，貪圖賞賜，在甘肅買地建莊，娶妻妾五房，行兇劫掠，生事害人。他唆使滿速兒侵略甘肅，說：「甘肅風土好過，若要奪他不難。」又說：「領人馬來奪甘肅城子，好生不難。」他要做滿速兒的內應，說：「速檀滿速兒要來時，先將哈密占了，才好領人馬來到肅州外邊。因搶人民，我每城裡發火焚燒。若奪了肅州，怕他甘州不得？」[12]陳高華先生指出，寫亦虎仙教唆滿速兒入侵，他們入侵甘肅的戰爭是非正義的戰亂。[13]我認爲，這個定性非常準確。

　　正德七年（1512年），明朝放回眞帖木兒，他回去後也唆使滿速兒出兵。滿速兒侵吞哈密，命他只丁守城。寫亦虎仙恐嚇拜牙卽，說滿速兒要殺死他，拜牙卽投奔吐魯番，吐魯番向明朝索取哈密之地和綢緞萬匹，還威脅侵佔甘肅。甘肅巡撫趙鑒誤不僅不驅逐他只丁，還賞給他金幣二百。九年（1514年），滿速兒打敗了瓦剌，明朝還賞賜滿速兒。

　　哈密的畏吾兒都督奄克孛剌向明朝求援，明朝派通事千戶馬升到哈密，寫亦虎仙恐嚇馬升說：「如今王子見往甘州來搶，你們怎

11　王治來：《中亞通史・古代卷》下冊，新疆人民出版社、人民出版社，第427頁。

12　陳高華：《明代哈密吐魯番資料彙編》，第395頁。

13　陳高華：《關於明代吐魯番的幾個問題》，《民族研究》1983年第2期。

得回去?」又說:「甘州城子眼下就是土魯番的!」馬升連忙回去報告。

都御史彭澤是蘭州衛人,是大學士楊廷和的門生,楊廷和派彭澤經略哈密。十年(1515年),吐魯番到肅州附近,搶劫赤斤等族。謊稱是報仇,彭澤不知其詐,反以綢緞、褐布三百送給哈密的他只丁,他只丁嫌少,送回赤斤銅印,而不送回哈密金印。彭澤又以綢緞、褐布一千九百匹等物賄賂吐魯番,假奏平定。彭澤賄賂錦衣衛掌印強尼,轉任都察院都御史。甘肅御史馮時雍揭發彭澤,新任兵部尚書王瓊支持馮時雍,要彭澤留在甘肅,不許回京。寫亦虎仙到吐魯番交割繒幣,滿速兒嫌少,寫亦虎仙許諾向明朝索要一千五百匹綢緞。吐魯番歸還哈密金印,此時甘肅巡撫趙鑒因爲是彭澤的同年進士,向彭澤提供賄賂資金,得以轉任南京操江巡撫,不等新任巡撫上任就離任。肅州兵備副使向新任甘肅巡撫李昆揭發彭澤:「模棱幹事,不能身任利害以主國,是何面目立於天地間?」[14]李昆不接受一千五百匹綢緞的要價,扣留吐魯番使者,以雜幣二百匹送回吐魯番。

十一年(1516年),吐魯番認爲明朝失信,滿速兒領兵到沙州,牙木蘭領兵到瓜州,大舉進攻嘉峪關、甘州、肅州等地,射死參將芮寧,出城的明軍全軍覆沒。陳九疇斬殺城內準備防火的回回內應,李昆抓捕寫亦虎仙下獄,押送北京。明軍聯合赤斤、哈剌灰,打敗吐魯番。

十二年(1517年),奄克孛剌狀告寫亦虎仙陰謀叛亂的事蹟,

14　[明]陳洪謨:《繼世紀聞》,《續修四庫全書》第433冊。

不料番人賄賂朝中佞臣強尼，誣陷陳九疇。強尼舉薦回回人錦衣衛都督于永，以回回舞女與房中術迷惑正德帝朱厚照，出入豹房。寫亦虎仙勾結宮中回回，進獻財寶，朱厚照竟授寫亦虎仙爲錦衣衛指揮，賜以國姓，隨駕南征。寫亦虎仙的女婿、阿黑麻的使者火者馬黑木，還到肅州爲朱厚照選取婦女。十三年（1518年），王瓊揭發彭澤欺君辱國，又污蔑陳九疇擅拘夷使，激怒外夷。朝廷下詔，竟降彭澤、陳九疇等人爲民。

　　十六年（1521年），昏君朱厚照暴斃，嘉靖帝朱厚熜即位，殺強尼、江彬、寫亦虎仙等奸臣。嘉靖二年（1523年），吐魯番又要入寇。又謫戍王瓊，起復李昆爲兵部侍郎，陳九疇任爲甘肅巡撫。吐魯番聚衆三萬，攻甘州，陳九疇擊敗之，升右副都御史。

　　但是牙木蘭請和，用反間計，謊稱是陳九疇命他來哈密，又賄賂朝臣污蔑陳九疇。六年（1527年），因爲議禮而起家的張璁、桂萼等人，爲了打倒在議禮中被罷官的楊廷和，因爲彭澤是楊廷和的門生，污蔑彭澤、陳九疇，說吐魯番入侵全因彭澤、陳九疇。張璁、桂萼一心要處死陳九疇，最終發配陳九疇到極邊充軍，十年後才赦還，死後追贈忠襄。彭澤革職爲民，李昆等人降二級。又起用王瓊，王瓊附從張璁等人，他害怕彭澤復起，爲了打擊彭澤，一味美化吐魯番的侵略，說吐魯番侵略甘肅的罪過在明朝一方。八年（1529年），吐魯番乞求歸還哈密，開通商路。王瓊安插哈密都督、赤斤都督于肅州，安插罕東都指揮于甘州，等於把嘉峪關外出讓給吐魯番。明朝默許吐魯番吞併哈密，吐魯番繼續操控西域朝貢之路。牙木蘭被明朝安置到湖廣的鄂城，竟然又成爲巨富。[15]

15　[明]嚴從簡：《殊域周諮錄》卷十三〈土魯番〉，北京：中華書局，1993

　　王世貞就說陳九疇功過相當,而張璁、桂萼等人是公報私仇。[16]其實陳九疇的功大於過,不過是朝廷黨爭的犧牲品。彭澤和陳九疇是兩種人,不過是因爲正德年間恰好同時在西北前線而被朝臣。彭澤應該被定罪,陳九疇完全是受到彭澤的連累。彭澤的官位比陳九疇高,所以他的處分反而比陳九疇還輕。從此事可以看出,正德、嘉靖年間的明朝已經加速腐化,從未到前線的朝臣任意打擊守邊的將軍,眞正立功的人反而被打擊。現在竟有人認爲張璁等人是用開放貿易的方法來解決哈密危機的功臣,[17]我認爲此說完全不能成立。哈密是明朝的疆域,張璁等人不思進取,拱手送人,所謂解決危機不過是用利益安撫吐魯番。但是當時吐魯番統治者的志向絕不僅僅是爲了獲利,此時的吐魯番是在宗教戰爭的思想指導下,一心要大力攫取明朝的土地。

　　有的學者沒有認清寫亦虎仙的眞面目,說寫亦虎仙是明朝內部政治鬥爭的犧牲品,說寫亦虎仙僅僅是追逐利潤,說陳九疇等人的閉關絕貢思想導致寫亦虎仙被殺,說陳九疇閉關也不能阻擋吐魯番的入侵。[18]此說看到了張璁等人的內鬥動機,但是極端美化了侵略者,顛倒黑白,把中華民族的功臣陳九疇說成了罪人。陳九疇等人閉關是爲了懲罰吐魯番,陳九疇自然知曉不能通過這樣的方式來抵抗吐魯番,所以陳九疇才積極保衛邊疆,立下赫赫戰功。

年,第415—463頁。

16　王世貞:《哈密志》,《弇州史料前集》卷十八。

17　田澍:《明代哈密危機述論》,《西北史研究》第三輯,天津古籍出版社,2005年,第76—89頁。

18　張文德:《朝貢與入附——明代西域人來華研究》,蘭州大學出版社,2013年,第116—131頁。

前引陳高華先生之文，不僅指出寫亦虎仙是教唆吐魯番入侵甘肅的罪魁禍首，而且指出明代前中期正是吐魯番從佛教地區轉變伊斯蘭教地區之時，永樂五年（1407年）的土魯番首領是賽因帖木兒，說明此時的吐魯番還沒有完全伊斯蘭化。我認爲，陳高華先生的看法非常正確。[19]

明代哈密有三種人：畏吾兒、回回、哈剌灰。回回僅是其中之一，畏吾兒人和哈剌灰人原來都不信伊斯蘭教。《肅鎮華夷志》卷三《屬夷內附略》說：「突厥種族哈剌灰者，本安定王之部卒，前元之達種（凡有所爲與回夷同俗，但不剃髮纏頭。自以爲回回骨頭也）……曰新哈剌灰者，又他失拜力城之達虜也（以其後歸附肅州，故以先來者爲舊哈剌灰，而後來者爲新哈剌灰者，初到似虜之性，今亦不食豕肉，與回回同俗焉）。」舊哈剌灰是在元代伊斯蘭化的蒙古人，但新哈剌灰到明代晚期才逐漸伊斯蘭化。

桂蕚說：「輔佐忠順王有三種夷人：一種回回，元系吐魯番族類，名爲佐忠順王，其實與吐魯同心……三種夷人，回回不與我同心。」[20]可見明朝人也很清楚，哈密的回回就是吐魯番的內應。

寫亦虎仙的名字其實表明了他的特殊身份，寫亦就是賽義德的異譯，指所謂的聖裔，虎仙卽哈桑的異譯。寫亦虎仙不是普通的商人，而是地道的高級傳教士。他的女婿火者馬黑木，有火者之名，

---

19 林梅村〈蒙古山水地圖〉第139頁引明代李日華《西域僧喃嚷結傳》說天啓時的吐魯番仍然信奉佛教，實爲誤解，李日華說的是東天竺，不是高昌，至於說東天竺靠近高昌是明代中國人的誤解，天啓時的吐魯番應已伊斯蘭化。

20 [明]陳子龍編：《皇明經世文編》卷一百八十一〈進哈密事宜疏〉，《續修四庫全書》第1656冊。

地位很高。寫亦虎仙等人的野心絕非僅是爲了錢財，更是爲了奪取明朝的土地。明朝早就應該立卽誅殺寫亦虎仙，寫亦虎仙之死是罪有應得。朱厚照不僅把哈密拱手送人，還聽信來自南洋的回回火者亞三，任由葡萄牙人佔據屯門（在今香港），接近十年。直到嘉靖元年，海道副使汪鋐才出兵屯門，打敗葡萄牙人。[21]嘉靖初年誅殺這些奸臣，是順應天下民心之擧，不是出自黨爭。

吐魯番成功吞併哈密的原因，主要是因爲一味綏靖，而不是因爲甘肅和哈密之間的交通原因。甘肅和哈密之間是荒漠，吐魯番和哈密之間也是荒漠。如果吐魯番能夠成功吞併哈密，也能成功侵佔瓜州、沙州。其實吐魯番多次公開宣稱他們要吞併瓜、沙的意圖，所以荒漠並不能抵抗吐魯番的兵馬。

如果不是陳九疇等人殊死抵抗，吐魯番不僅完全可能迅速侵佔甘肅，甚至有可能到達隴西。到嘉靖十一年，滿速兒仍然想侵犯肅州，所以明朝的大臣說：「彼回若猛獸然，饑則求食，飽則噬人。」[22]

陳九疇保衛甘肅，得到甘肅百姓的擁護，《肅鎮華夷志》卷三〈宦籍〉的〈陳九疇傳〉說：「甘人思公能捍大患，至今北屋屍祝之，今所傳《西番事蹟》一書，極詆毀公，出自仇嫉之口，事多失實。」所以我們應該清除歷史認識的迷霧，走出明朝腐朽當權派書寫的歷史文本的誤導，給予陳九疇以極高的評價。

有學者說：「如果明廷一意孤行，人爲地閉關絕貢，割斷絲路

21　[明]嚴從簡：《殊域周諮錄》卷九〈佛郎機〉，第320—321頁。

22　[明]萬表輯：《皇明經濟文錄》卷四十〈議楚夷情以固邊防疏〉，《四庫禁毀書叢刊》集部第19冊。

貿易線，帶給明朝的將是災難性後果……由於明朝興師遠征不切實際，而閉關絕貢又難奏效……由於楊廷和一派強硬地堅持閉關絕貢，導致了土魯番大舉入寇河西走廊，給河西軍民造成了重大的創傷。」[23]

我認為此說不確，因為以下四點：

1.明朝還有海上絲綢之路，一時的絕貢不會帶來多大的後果。連中亞商人都想參與海路貿易，成化二十二年，撒馬爾罕商人想從海路回國，到滿剌加（麻六甲）賣獅子。從晚唐開始，海上絲綢之路的地位就越來越重要。到了明代中期，隨著歐洲人開闢了新航路，海路的地位遠超陸路。

2.絲綢之路的貿易雖然重要，但是不能以丟失哈密為代價。在絲綢之路的貿易中，吐魯番也要依賴明朝，明朝完全不必如此卑躬屈膝。趙伸說：「正德年來，哈密頭目都督寫亦虎仙等構引土魯番，為患日久。而當其局者，急於成功，納之厚幣，以自損威。」[24]

3.所謂不能遠征哈密，絕貢不能奏效，完全是張璁、桂萼、王瓊一派原話的翻譯，誤入了明代人的圈套。弘治年間，明軍冒雪走山路到哈密，尚且成功。張璁等人不出兵，就說不能出兵，豈有此理？

4.吐魯番入侵甘肅，絕不是因為明朝絕貢，而是因為他們本來就要侵略擴張。豈能不辨是非，把侵略者說成是受害者？

張璁等人為了一己私利，在內鬥中消耗明朝力量，對當時外界

23　田澍：《明代甘肅鎮與西域朝貢貿易》，《中國邊疆史地研究》1999年第1期。

24　[明]陳子龍編：《皇明經世文編》卷二百三十四〈籌邊疏〉，《續修四庫全書》第1658冊。

形勢毫無認知，把大好疆域拱手送人，加罪於守邊殺敵的優秀將領，所以張璁等人才是明朝最大的罪人。

滿速兒汗多次進攻阿克蘇失敗，晚年歸隱，由其子沙速檀卽位，所以吐魯番和明朝的關係轉好。1565年，沙速檀潛掠北虜部落，中流矢死，其弟馬速速檀繼位。1570年，葉爾羌汗國的阿不都·哈林汗派人強佔吐魯番，但又被地方豪強趕走。1583年，和田總督之子侵佔吐魯番。1594年，葉爾羌汗國馬黑麻汗平定吐魯番。[25]

因爲正德到嘉靖年間，吐魯番多次進攻甘肅。所以此時出現了《甘肅鎮戰守圖略》，包括〈西域土地人物圖〉，又收入嘉靖《陝西通志》。〈西域土地人物圖〉的資訊源自嘉靖三年魯迷入貢之後的地理資訊，因爲此時有迫切的軍事需要，所以務必收集最新的西域資訊。因爲是軍事需要，所以還要畫出很多人物和動物，內容更爲豐富。

而內容大爲不同的〈絲路山水地圖〉是正統年間繪製，此時是在吐魯番吞併哈密之前，處在和平時期。因此圖上的路線一直畫到最西部，說明此圖更注重商路，而〈西域土地人物圖〉不關注極西的商路。

我的這個看法，也能解釋爲何〈絲路山水地圖〉、〈西域土地人物圖〉的哈密差別極大，〈絲路山水地圖〉的哈密地區有22個地名，卽：阿子罕、刺巴、斡列海牙、阿赤、小阿赤、卜答他思、引池兒、乜力帖木兒哈力、牙力思脫因、缽合思、哈密、他失把力、禿（委）吾兒把力、園子、阿思打納、卜答兒、脫合赤、刺術、哈刺帖

25　魏良弢：《葉爾羌汗國史》，第82—84頁。

別、叉黑兒哈剌忽、帖思、俄卜力、撒力迷失、撒力哈迷失。圖上的
哈密之東，沙州之西，還有個6地名，卽：討失干、他失虎都、羽六
昆、脫忽思孛羅、吉兒馬術、乩失虎都。

　而〈西域土地人物圖〉的哈密地區僅有8個地名，卽：長（畏）
兀兒把力、剌木、缽和寺、卜占兒、阿思打納、哈密、脫合、哈剌帖，
而且東南緊鄰沙州。因為〈西域土地人物圖〉是嘉靖時期繪製，此
時哈密以為吐魯番吞併，所以不太關注哈密的小地名，特別是哈密
東部的一些小地名。

　哈密是明朝最西的藩屬，具有重要地位。《殊域周諮錄》卷
十五〈撒馬爾罕〉錄嘉靖十一年唐龍上疏說：「西域諸夷，其名
號不系我朝封爵，先年入貢止於據哈密忠順王開奏某處某起人
數。」[26]可見哈密是西域諸國向明朝通商的仲介，不僅是政治上的
藩屬，也是商業的門戶。

　哈密東部是聯結甘肅和哈密的要道，到〈西域土地人物圖〉
繪製的嘉靖時，中原人已經不關注。〈絲路山水地圖〉畫出沙州到
哈密的很多地名，包括很多烽燧。圖上在哈密之西，僅標出三個烽
燧的名字，卽吐魯番的義黑兒哈剌忽、阿剌術、拜城（今拜城）之
東的亦的約力。沙州到哈密，雖然直線距離不遠，但是基本是荒
漠，古人一直視為畏途。北宋太平興國六年（981年），太宗遣王延
德等出使高昌國。王延德記載：「次歷納職城，城在大患鬼魅磧，
東南望玉門關甚近。地無水草，載糧以行。」鬼魅不僅指沙漠中的
惡鬼，也是突厥語沙漠qum的音譯，現在一般寫成庫姆。玄奘西行，

26　[明]嚴從簡著、余思黎點校：《殊域周諮錄》，第491—482頁。

也走此路，險些喪命。玄奘買到老胡人的馬，《大慈恩寺三藏法師傳》說：「此翁極諳西路，來去伊吾，三十餘反。故共俱來，望有平章耳。胡公因說西路險惡，沙河阻遠，鬼魅熱風，過無達者。徒侶眾多，猶數迷失。」[27]

這條路上的泉水極爲重要，所以〈絲路山水地圖〉特別畫出很多泉眼，在他失胡都、脫虎思孛羅、阿子罕、乩思虎都、吉爾馬術、阿赤、小阿赤、引池兒、他思虎都地名之旁，都畫出了泉眼，在卜答他思的山下，還畫出了三個不標明的泉眼。哈密地區的泉水是全圖最密，主要出自這個原因。

經過我的考證，從甘肅到哈密有三條路，〈絲路山水地圖〉畫的是中路和南路，不畫北路，詳見下文。可能因爲此時瓦剌崛起，影響北路交通，所以圖上不畫北路。

正統四年（1439年），也先繼承其父脫懽之位，稱太師、淮王。也先與沙州、赤斤、哈密諸衛聯姻，哈密忠順王卜答失里的妻子脫歡之女，其子倒瓦答失里在正統四年即位。九年（1444年），也先置甘肅行省，授罕東衛都督訥格爲平章。八年（1445年），也先聯合沙州、罕東、赤斤等衛圍攻哈密，俘虜了倒瓦答失里的妻子和母親，控制了哈密。哈密向明朝求援，但是明朝不發兵。正統十三年（1448年）夏，也先命哈密忠順王到瓦剌去居住兩個月。

此時哈密也經常和瓦剌一起朝貢，正統十三年十二月庚戌，回回商人阿里鎖魯檀等七百五十二人隨也先、脫脫不花貢使到北京，

27　[唐]慧立、彥悰著、孫毓棠、謝方點校：《大慈恩寺三藏法師傳》，中華書局，2000年，第13頁。

沿途進行買賣。[28]《明實錄》記載的瓦剌貢使,有一些人有典型的穆斯林姓名。[29]

　　景泰五年(1454年),也先被殺,瓦剌衰弱,部屬分散。韃靼崛起,進攻明朝的北邊。正德初年,蒙古右翼首領亦不剌被達延汗打敗,亦不剌進入嘉峪關外的安定、曲先、罕東、阿端四衛之地,又進入青海,時常攻打洮州、岷州等地,從此甘肅三面受敵。也先和達延汗雖然多次入貢,但是明朝弘治十一年(1498年)後就停止了朝貢貿易。正德十一年(1516年),達延汗去世,蒙古右翼的吉囊、俺答稱雄。嘉靖二十一年(1542年),吉囊去世,俺答汗獨霸北方,多次進攻甘肅等地,並征服青海。俺答汗要求明朝開放邊境貿易,發動多次戰爭。直到隆慶五年(1571年),明朝才開放邊境貿易,封俺答汗為順義王。此時明朝在東南沿海也開放了海澄縣為海外貿易口岸,邊境形勢好轉。

　　從正統晚期到嘉靖年間,北邊形勢緊張,陸上商路受阻。我在上文說〈絲路山水地圖〉在正統前期繪製,再次得到印證。

　　從嘉峪關到哈密的部分占〈絲路山水地圖〉的五分之一,從嘉峪關到吐魯番的部分占〈絲路山水地圖〉的四分之一,從嘉峪關到今中國邊境的亦乞咱打班(伊爾克什坦達坂)部分占〈絲路山水地圖〉的二分之一。可見〈絲路山水地圖〉更注重東方,這是〈絲路山水地圖〉和〈西域土地人物圖〉不同的地方。〈西域土地人物圖〉的今中國境內部分僅占全圖的四分之一強,說明更側重西方,兩幅圖的來源不同。

28　《明英宗實錄》卷一七三。

29　白翠琴:《瓦剌史》,廣西師範大學出版社,2006年,第49—51頁。

第四章 中國境內的商路

　　明代〈絲路山水地圖〉上的中國商路，中國學者比較熟悉，前人對其中很多地方已有研究。但是也有很多地方，前人考證錯誤，需要糾正。即便是甘肅境內的很多地名，仍然難以考證。

一‧嘉峪關到敦煌地名

　　明代〈絲路山水地圖〉出嘉峪關，有扇馬城、大草灘、回回墓、三棵樹、赤斤大草灘、赤斤城、苦峪川、苦峪城、王子莊。

　　《西域土地人物略》：

> 嘉峪關西八十里為大草灘（其地廣而多草），灘西四十里為回回墓（以地有回回三大塚，故名。迤北為缽和寺，寺西五十里為柴城兒）。墓西二十里為騸馬城（中有二水北流），城西三里為三棵樹（以地有三樹故名）。樹西三十里為赤斤城（即我皇明設赤斤衛處也，迤南二十里為小赤斤），赤斤西百五十里為苦峪城（即我皇明所設苦峪衛處也，東有河。城中有三墩，迤北五十里為王子莊）。

　　萬曆《肅鎮華夷志‧西域疆里》：

> 嘉峪關外有三道，中道自關西二十里大草灘，有墩軍瞭守。灘

西三十里至黑山兒，有墩軍瞭守。七十里至回回墓，以地有回回三大塚，故名，有墩軍瞭守。墓西四十里至騸馬城，中有二水北流。城稍壞，有墩軍瞭守。城西八十里至赤斤城，中途有三棵樹，即赤斤蒙古衛。赤斤西二百里至苦峪城，東有河，城中有三墩。苦峪西一百二十里，至王子莊城，小而堅，莊西八十里至卜隆吉河，俗名川邊河。

嘉峪關即今嘉峪關，始建於明洪武五年（1372年），是明長城的西端，由內城、外城、羅城、甕城、城壕和南北兩翼長城組成。嘉峪關城，東靠北大河，西近黑山，是肅州的西。

大草灘是一片地方，所以一說在嘉峪關西二十里，一說在八十里，其實是從二十里延伸到八十里。今嘉峪關西不遠即有大草灘站，這是大草灘的東部。大草灘一直延伸到今玉門市東部，經過黑山之南。有人誤以為今天的大草灘水庫是大草灘，其實大草灘水庫是在山間，恰好不是在古代的大草灘。

從嘉峪關到回回墓，兩書都說一百二十里，在今新民堡，原名惠回堡，有吾艾斯拱北。今存堡址，面積23010平方米。[1]林著誤以為是今玉門市玉門鎮東兩公里古城西北的回回墓，其實這個古城，今天稱為西域城，城外也有回回墓，但不是今玉門市東的回回墓，我在2017年8月考察了西域城。

再西四十里到騸馬城，《甘肅鎮戰守圖略》和《肅鎮華夷志》正確，《陝西通志》誤為二十里，不確。

1　玉門市文化體育局、玉門市博物館、玉門市文物管理所編著：《玉門文物》，甘肅人民出版社，2014年，第28頁。

西域城和其西側的回回墓

騸馬城在今清泉鄉清泉村，今天這一帶有東、西騸馬城兩個古城遺址，相距70米。西騸馬城是漢代古城，在今清泉村三組的騸馬河西岸120米。現存南牆85米，西牆40米，仍然可以辨認出東牆中間開城門，外有甕城，[2]是圖上的騸馬城。

東騸馬城，在今清泉村三組的騸馬河西岸，明代《肅州志》記載是明嘉靖八年（1529年）建立，現存三面城牆，西牆92米，南牆61米，北牆70米，牆高10米，寬7米，南牆、北牆有城門。[3]

2　玉門市文化體育局、玉門市博物館、玉門市文物管理所編著：《玉門文物》，第24頁。

3　玉門市文化體育局、玉門市博物館、玉門市文物管理所編著：《玉門文物》，第27頁。

　　有人誤以爲東驏馬城是圖上的驏馬城，其實東驏馬城因爲修建很晚，所以在衛星地圖上更加顯著，但不是圖上的驏馬城。我認爲，正是因爲這幅〈絲路山水地圖〉是在嘉靖之前繪製，所以圖上不可能有東驏馬城。

　　驏馬城之西八十里的赤斤城，卽今玉門市赤金鎭的赤金城。圖上的赤斤大草灘在今赤金河兩岸，圖上的三棵樹和赤斤城被畫得太靠近。

　　赤斤堡，今僅存西北角的城牆和圓形角墩，在赤金鎭光明村鎭學區家屬院東側，城牆高4米，厚約3米，西牆長約80米，北牆長約76米，面積約500平方米。圓形角墩高約5米，直徑9米。[4]我在2017年8月考察了這個古城。赤金鎭之北有赤金峽谷，峽穀中也有古代烽燧，赤斤城扼守要衝。赤金鎭西部有十佛洞，東部有紅山寺和紅山烽燧，西北有土夾道古道。[5]

　　前人一般認爲赤斤城是明代初建，清代重建。楊富學等學者認爲圓形角墩是西域風格，很可能是元代初建。我認爲很有可能是元代建立，明清沿用，因爲元代建城的文獻不存，所以前人誤以爲是明代建立。

　　元代西北戰爭很多，應該原來就有城，馬可波羅在他的著名遊記中，第59章提到了赤斤城，說：

　　　　請言（哈密）西北方與北方之別一州……Chingintalas州，亦

4　玉門市文化體育局、玉門市博物館、玉門市文物管理所編著：《玉門文物》，第40頁。

5　玉門市文化體育局、玉門市博物館、玉門市文物管理所編著：《玉門文物》，第39、44、48、57、63頁。

> 在沙漠邊地,處西北方與北方之間,廣十六日程。隸屬大汗。
> 境內有環以城垣之城村不少。居民有三種,曰偶像教徒、曰
> 回教徒、曰若干聶思脫里派之基督教徒。此州北邊有一山,
> 內藏良鋼與翁答里克(Ondanique)之礦脈。君等應知,此山
> 並有一種礦脈,其礦可制火鼠(salamandre)……行此十日
> 畢,抵一別州,名曰肅州(Suctur)。

此前很多人誤考此地,法國學者德金(De Guignes)以爲是鄯
善,英國學者瑪律斯登(Marsden)解釋talas爲蒙古語的湖、海talai,
也卽達賴的語源。俄羅斯學者帕拉丢斯(Palladius)以爲是赤斤,
從哈密到肅州,中間必經赤斤。但是赤斤是在哈密的東南,不是西
北,從赤斤城到肅州不需要十天,他認爲很可能是馬可波羅記錯了
方向和距離。馮承鈞認爲哈密西北的巴爾庫勒(Barkoul),卽今巴
里坤縣。[6]

我認爲,talas是突厥語草原,talai和talas可能是同源字,此處不
是大湖,而是草原,所以Chingin-talas其實就是赤斤大草灘。境內環
繞城牆的城村不少,就包括苦峪城、西域城等。

日本學者長澤和俊以爲是高昌到龜茲,Chingin是鎮西。今按
巴爾庫勒、鎮西的路程、讀音不合,礦產也不合。哈密和巴里坤之
間有很長的天山,東西橫亙。我在2017年8月,從哈密乘車到巴里
坤,穿過天山峽谷。從哈密到甘肅,不可能路過巴里坤。巴里坤在
哈密之北,必須要回到哈密,才能再到甘肅。或許是馬可波羅去過
巴里坤,但是漏記這一段,所以混淆了巴里坤和甘肅的路程。

6　[意]馬可波羅著、馮承鈞譯:《馬可波羅行紀》,上海書店出版社,2001
年,第118—128頁。

西的古音聲母就是s，讀音和g差別很大，所以鎮西不是Chingin。唐代至德元載（756年）改安西爲鎮西，僅有一年不到，不可能流傳下來。馬可波羅說的十日，或許有誤，或許是指從沙州到肅州。西北是指赤斤城在沙州東北，誤記爲西北。馬可波羅說此處有很好的鋼鐵和火鼠布也卽石棉，則一定是赤斤。因爲今肅南縣的托來河岸有鏡鐵山大型鐵礦，托來河的源頭通往青海省祁連縣，有大型石棉礦。

黃盛璋先生提出Chingintalas是吐魯番盆地，說其北的博克達山產石棉和鐵，Chinginta是吐魯番出土伊朗語文書的高昌Cinano-kant之誤，卽《世界境域志》所說Chinan Kath，kant轉爲gint。[7]我認爲此說也不能成立，因爲talas是草原，不能割裂，伊朗語的城市kant或寫成kath，但是一般不會寫成gint。而且吐魯番在哈密的西南，馬可波羅從羅布城（Lop）到沙州，哈密已是枝蔓，不太可能再迂曲敍述更遠的吐魯番。

7　黃盛璋：《〈馬可‧波羅行紀〉與新疆絲綢之路有關歷史地理爭議問題辨正（提要）》，《中外交通與交流史研究》，安徽教育出版社，2002年，第489—492頁。

赤金堡遺址

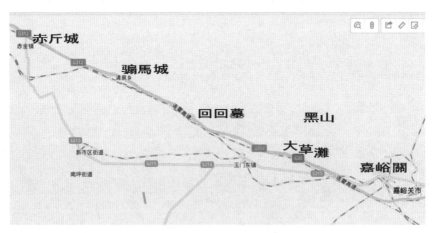

從嘉峪關到赤斤城示意圖

　　苦峪城，在赤斤之西一百五十里或二百里，在今玉門市玉門鎮，即清代靖逆衛城的前身，[8]現存一段100米的西城牆。[9]陶保廉誤認爲苦峪城是今瓜州縣的鎖陽城，岑仲勉誤以爲是今玉門市的昌馬堡，多數學者包括林梅村都誤以爲是鎖陽城，直到高啟安、楊富學最近糾正。

　　苦峪城之北五十里是王子莊，在今玉門鎮東北，《西域土地人物略》說苦峪城迤北五十里，《肅鎮華夷志》誤爲一百五十里。在今黃花營村，其北是長城和戈壁。其西八十里是卜隆吉河，即今疏勒河，今有布隆吉鄉。圖上的王子莊正是在苦峪城之北不遠，在疏勒河下游，比阿丹城還近。

　　《西域土地人物略》：

> 苦峪西二十里爲古墩子（墩西有塔），墩西六十里爲阿丹城（西北有河，河北爲羽即戎、卜隆吉兒）。阿丹西南三十里，爲哈剌兀速城（其西北爲叉班城，哈剌兀速、叉班間有河）。哈剌兀速西南百里爲瓜州城，瓜州西六十里爲西阿丹城（其叉班西南五十里爲卜隆吉兒城，卜隆吉兒西南六十里，亦會于西阿丹）。

　　苦峪城西二十里的古墩子，應是今東風遺址，在玉門市柳河鄉原東風村一組西南戈壁上，佈滿大小夯土墩台。曾發現陶片和銅箭頭等，可能是漢代遺址。東風村八組還有報恩寺遺址，據說建於康

8　高啟安：《明代苦峪衛、苦峪城考索》，第656—667頁。

9　玉門市文化體育局、玉門市博物館、玉門市文物管理所編著：《玉門文物》，第31頁。

熙年間。[10]

　　這個遺址有很多古代的墩台，符合古墩子之名。距離玉門市10公里，距離符合，而且在大路上。

　　再西六十里的阿丹城，可能在今河東鄉的疏勒河南岸。或以爲是今瓜州縣破城子，[11]但此地是常樂城，也卽圖上的廠剌，所以不確。或以爲在今瓜州縣三道溝鎮的四道溝古城，方位和位置大體吻合。

　　其西南三十里的哈剌兀速城，岑、林不考位置。疑卽今雙塔鄉新華村的旱湖腦古城，南牆340米，另三面306米。哈剌兀速是突厥語的黑水qara-usu，符合旱湖腦的環境，有人認爲是漢代的淵泉縣城，也符合淵泉地名。

　　哈剌兀速西南百里爲瓜州城，林著認爲是六工古城。我認爲圖上的瓜州城卽唐代的瓜州城，卽今鎖陽城，因爲出產鎖陽得名，距離和方向都吻合。前人之所以不敢肯定瓜州城是唐代的瓜州城，可能是覺得唐代的瓜州城早已廢棄，其實根據方位來看，就是唐代的瓜州城。唐代的瓜州城沿用到西夏或元代，再到明代的時間其實不長。卽使州治北移，城內可能還有居民，老地名還有可能保留，不可能很快廢棄不用。

10　玉門市文化體育局、玉門市博物館、玉門市文物管理所編著：《玉門文物》，第37頁。

11　酒泉市文化教育局編：《酒泉地區文物分佈概況》，1972年，第77—78頁。

瓜州城（鎖陽城）內城西城西南角向東北角看

瓜州古城遺址展示的地圖

　　圖上的瓜州城有東西兩城，鎖陽城的內城正是有東西兩城，外城和內城之間還有隔牆。我在2017年8月考察了鎖陽城，看到外城低矮，而內城的城牆較高，明清時期可能已經是這樣。所以圖上

的瓜州城有東西兩城，主要是指內城，明代的瓜州外城已經荒廢。
前人或以爲明代的瓜州城已經完全廢棄，現在看來明朝瓜州內城
還沒有完全廢棄。

　　瓜州城（鎖陽城）向西六十里的西阿丹城，岑仲勉誤以爲在瓜
州縣蘆草溝之西的甜水井，林著不考位置。

　　我認爲，應是今瓜州縣鎖陽城鎮，原名踏實堡，曾經是踏實鄉
所在地，鄉鎮合併時，改爲新的鎖陽城鎮所在地。今鎖陽城鎮所在
地的東南角有古城，在去榆林窟和鎖陽城的大路兩側，城牆高聳，
非常顯著，我在2017年8月路過此城，拍有照片。

　　踏實城以前被看成清代城址，我認爲是明代的西阿丹城，是
清代人利用了明代的古城。因爲西北文獻有缺，所以更早的古城未
必詳細記載，被誤以爲是清代建立。踏實城到鎖陽城正是60里，距
離符合。踏實城在大路的東北，圖上的西阿丹城正是在大路的東
北。

踏實堡城東牆（西阿丹城）

明代〈絲路山水地圖〉的西阿丹城和沙州城之間，還有一個廠刺城。我認爲就是古代的常樂城，訛爲廠刺，因爲樂的古音是lak，明代西北還保留了一點古音，所以讀爲la，寫成刺。

常樂城卽踏實堡西北常樂村的破城子古城，南北250米，東西144米，是全國重點文物保護單位。這個古城現在公路邊，非常醒目，城牆高大，四面基本保存。西牆中間有三個馬面，西北角、西南角還有兩個馬面，面對大路，我在2017年8月考察了古城。

王北辰認爲常樂村的破城子古城是漢代的廣至縣城，常樂城是今瓜州縣西南的南岔鎮六工古城，東西360米，南北280米。從敦煌所出的唐代《沙州圖經》說：「階亭驛，右在州東一百七十里，東去瓜州常樂驛三十里。」唐代李吉甫《元和郡縣圖志》卷瓜州常樂縣說：「東至州一百一十五里，本漢廣至縣地，屬敦煌郡，魏分廣至至宜禾縣，後魏明帝改置常樂郡，隋于此置常樂鎮，武德五年置常樂縣。」《漢書・地理志》廣至縣：「宜禾都尉，治昆侖障。」常樂縣城，是漢代廣至縣的宜禾都尉治昆侖障，常樂驛在瓜州、沙州之間，西到瓜州120里，東到沙州115里，正是六工古城。[12]

我認爲王說對兩個古城的考證不確，《沙州圖經》說：「前驛路在瓜州常樂縣西南，刺史李無虧，以舊路石磧山險，迂曲近賊，奏請近北安置。」下文說每一個驛站都往北遷，我認爲，此前驛站經過的舊路有石磧山險，就是今鎖陽城鎮向西直通敦煌（沙州）的路，經過戈壁，而且靠近南部的祁連山，卽今瓜州縣南部和肅北縣

12　王北辰：《唐瓜州若干地理問題的研究》，《北京大學學報》（歷史地理專刊），1992年。收入王北辰：《王北辰西北歷史地理論文集》，第331—357頁。

之間的山脈，山的北麓是一百四十里戈壁，所以這條驛站整體北遷到今瓜州到敦煌的新路，說明常樂縣城在今鎖陽城鎮而非南岔鎮，否則不存在驛路改道之舉。

陶保廉《辛卯侍行記》說隋煬帝楊廣為避諱，改廣至為大至，踏實是大至的音訛，又說廣至縣是其西北二十里的破城子。

我認為，既然踏實是大至的音轉，則廣至縣城就是踏實堡。今踏實堡古城也很高大堅固，從殘存的城牆來看，符合縣城的規模。《後漢書·蓋勳傳》說：「敦煌廣至人也。」注：「廣至故城在今瓜州常樂縣東，今謂之懸泉堡。」如果把常樂縣城定在六工古城，把廣至縣城現在定在破城子，則距離太遠，而且中間是山脈和戈壁，也就是我們今天從瓜州縣城到鎖陽城必經的那一段戈壁，交通不便。如果距離二十里，則很合理。

這一片綠洲正是向西北延伸，所以在其西北的昆侖障設宜禾都尉，還有屯田。昆侖障聯結今瓜州縣城所在的綠洲和其南部的鎖陽城綠洲，中間是戈壁和山脈，所以設障。

至於六工古城，我認為很可能是漢代敦煌郡的效穀縣城，《漢書·地理志》敦煌郡效穀縣，顏師古注引桑欽說：「孝武元封六年，濟南崔不意為魚澤尉，教力田，以勤效得穀，因立為縣名。」六工古城在今瓜州縣所在的綠洲，這個綠洲很大，漢代還有很多水面，所以有魚澤、效穀地名。

圖上瓜州、西阿丹（踏實城）之間，還有一個未標名的古城，很可能是今鎖陽城古城之北的南壩村轉檯莊子古城，距離鎖陽城不遠。

瓜州破城子（常樂城、廠刺城）

敦煌莫高窟遠眺

　　阿丹城西北是叉班城，哈剌兀速城、叉班城間有河。叉班西南五十里爲卜隆吉兒城，卜隆吉兒西南六十里，亦會於西阿丹。

　　叉班城，可能是今雙塔鄉月牙墩村的潘家莊古城，南北210米，東西170米，在疏勒河南岸。從哈剌兀速城（旱湖腦城）有小河，流到這裡，現在地圖上還很清楚，所以說中間有河。

　　其西南五十里的卜隆吉城，可能在今鎖陽城鎮的北橋子村附近。這個卜隆吉城可能不在今布隆吉鄉，因爲布隆吉是地名通名，在布隆吉河附近的都可以稱爲布隆吉城。向東北五十里，正是到潘家莊古城。

　　也可能是因爲《西域土地人物略》記載的里數有誤，則布隆吉城就在今布隆吉鄉附近。《西域土地人物略》是根據〈西域土地人物圖〉寫成，所以其里數不一定可靠，加上傳抄有可能出錯，特別是數字更容易寫錯，所以不排除里數有誤的可能。

苦峪城到廠剌城地名

二‧甘肅到哈密地名

從甘肅到哈密的道路，《西域土地人物略》：

> 西阿丹城（……叉班之西，卜隆吉兒之北，其南路為垣力，為
> 提干卜剌、察提兒卜剌、額失乜、大羽六溫。其北路為禖赤瞻
> 求，為垣力，為哈剌哈剌灰，又為哈剌灰。西阿丹城西為兀兀
> 兒禿，為牙兒卜剌陳，為答失卜剌，迤北為王子莊，樹西北為
> 哈剌灰，為召溫虎都、虬失虎都，為偏肖，為阿赤，卜兒邦，為
> 哈卜兒葛，為賽罕）。西阿丹，西二百里為沙州城（即我皇明所
> 設沙州衛處，古所謂流沙者也。城西為虎木哥城，為答失虎
> 都，為牙剌，為哈失卜剌，西北為阿子罕，為阿赤，為引只克，
> 為哈密頭墩，為羽術脫雲，為乞兒把赤，為克兒革乜思）。

岑、林考證了《西域土地人物略》，而二人都未對比《肅鎮華夷志‧
西域疆里》：

> 苦峪西一百二十里，至王子莊城，小而堅，莊西八十里至卜隆
> 吉河，俗名川邊河。西一百五十里，至蟒來泉，有水草。泉西
> 一百八十里至茨泉，有水草。泉西一百五十里至阿南那只令，
> 西一百里至紅柳泉，有水草。泉西一百二十里至哈剌骨，無水
> 草。哈剌骨，八十里至五個井泉，井西一百二十里至古墩子。
> 古墩子西一百里至也帖木兒泉山，西八十里至哈密城。
>
> 一道自苦峪，歧而少西經瓜州西阿丹六百二十里，抵沙州，即
> 罕東左衛，有水草，逾缽和寺，七百里至哈密，地雖坦而迂
> 曲，且無水草，人罕由之。一道自苦峪，歧而少北，至羽寂滅，
> 歷阿赤等地，皆山口石路，甚為險厄，馬必腳鞴艱行。三道俱

達哈密……

按弘治前，里至與今少異，且多番族，今悉載在：關西二十里至大草灘，自此分一路，由北而西，西有大缽和寺。大草灘西七十里，至回回墓。墓西七十里，至騸馬城。城西三十里至三顆樹，三顆樹西五十里至赤斤城，卽赤斤蒙古衛。赤斤西一百七十里至苦峪，卽苦峪衛。自此抵哈密三道：一道從苦峪中而西四十里，至王子莊，莊西一百六十里至襖禿六蟒來，西一百三十里至體干卜刺，西一百三十里至察提兒卜刺，西一百三十里至額失乜，西一百一十里至羽六溫，西一百二十里至哈剌哈剌灰，西一百三十里召文虎都，西一百七十里至失虎都，西一百三十里至阿赤，西一百五十里至引只克，自此過也力帖木兒，至哈密三百五十里。

察看〈絲路山水地圖〉，從甘肅到哈密，畫出兩條路：

1.北面一條路，從沙州城北出發，走他失虎都、小阿赤、禿（委）吾兒把力

2.南面一條路，從廠剌城出發，走叉赤兒、額失乜、羽六昆、討失干、阿赤、他失把力。

林著的示意圖，未畫出〈絲路山水地圖〉上兩條路，僅畫出南面經過羽六昆、阿赤的一條路。

岑仲勉認為，叉班是橋灣之音訛，察提兒是突厥語帳篷chadir，兀兒禿是突厥語的多artuq，牙兒是突厥語的崖yar，虎都是突厥語的噴泉huduq。虎木哥是突厥語沙qumaq，虎木哥城是今陽關，牙卜剌是敦煌的月牙泉。阿赤是突厥語的苦水achigh，卽今哈密東南的苦水。

　　其實叉班的讀音和橋灣不接近，虎都是井，又譯爲呼都克，也卽胡同的由來。虎木哥城不是今陽關，牙卜剌也不是敦煌的月牙泉。

　　林著認爲，阿剌禿是突厥語灌木artn，額失乜是波斯語的柴esm，他失虎都是突厥語的石頭井tashquduq，討失干是突厥語的石頭城tashkend，在今肅北縣的石包城，羽六昆是突厥語的一種植物yulghun，脫忽思孛羅是突厥語的九泉toguzbulaq，阿子罕是波斯語分支azg，吉兒馬術是波斯語虔誠kirbagig，剌巴是阿拉伯語客棧rabat，乩失虎都是突厥語枯水井boshquduq，斡列海牙是突厥語的瓦剌城堡uirat-qoruq，卜答他失是突厥語的灌木石buta-tas，也力帖木兒應是乜力帖木兒，是malik-temur，波斯語malik是統治者，蒙古語的temur是鐵，在今哈密東南的煙墩。引池兒是突厥語yangichek，禿兀兒把力是委兀兒把力之誤，卽維吾爾城uyhur-baliq，他失把力是石頭城tash-baliq，牙力忽思脫因是突厥語孤僧yalgh-uztoyin，但是未考以上很多地方的位置。

　　我認爲，要考證這一段地名，必須結合其他圖書。《肅鎮華夷志》和《西域土地人物略》大概記載了三條路：

　　最北的一條路是從王子莊80里至卜隆吉河，150里至蟒來泉，180里至茨泉，150里至阿南那只令，100里至紅柳泉，120里至哈剌骨，80里至五個井泉，120里至古墩子，100里至也帖木兒泉山，80里至哈密城。從蟒來泉到哈密僅需850里，最近，所以在最北，比較直。這條路在明代〈絲路山水地圖〉未能畫出，圖上畫的是中路、南路。

中路，《肅鎮華夷志》說，從王子莊160里至襖禿六蟒來，130里至體干卜剌，130里至察提兒卜剌，130里至額失乜，110里至羽六溫，120里至哈剌哈剌灰，130里召文虎都，170里至失虎都，130里至阿赤，150里至引只克，過也力帖木兒，350里至哈密城。

中路，《西域土地人物略》說村叉班之西、卜隆吉兒之北出發，又有南北岔路，南岔路走垣力、提干卜剌、察提兒卜剌、額失乜、大羽六溫。北岔路走襖赤、贍求、垣力、哈剌哈剌灰、哈剌灰。南北兩路地名都在《肅鎮華夷志》中找到，而記載不及《肅鎮華夷志》詳細。

從西阿丹城出發的路，介於南路和中路中間，走兀兀兒禿、牙兒卜剌陳、答失卜剌、王子莊樹西北哈剌灰、召溫虎都、乩失虎都、偏背、阿赤、卜兒邦、哈卜兒葛、賽罕。

其中的牙兒卜剌陳，疑即南路的牙卜剌。答失卜剌，疑即南路的答失虎都。而召溫虎都、乩失虎都、阿赤都在中路，因為西阿丹之北是叉班、卜隆吉城，所以大體上的一條路。

南路，從沙州出發，走虎木哥城、答失虎都、牙卜剌、哈失卜剌、阿子罕、阿赤、引只克、哈密頭墩、羽術脫雲、乞兒把赤、克兒革乜思。南路到阿赤，和中路匯合，但是引只克之北則又不同。

中路的襖禿六蟒來，即北路的蟒來泉，中路和北路起點重合。襖禿六是襖六禿之誤，也即圖上的阿剌禿。襖赤是襖禿之誤，是襖六禿省略。阿剌禿不是突厥語灌木artn，否則應譯成阿兒禿，阿剌禿應即阿勒泰，即突厥語的金altun，這個泉或是今瓜州縣東北部的金泉。從這裡東南150里，正到疏勒河，在今橋灣城附近，向東80里

到王子莊，距離符合。

　　清代祁韻士《萬里行程記》說，安西（今瓜州縣）向西北90里到白墩，70里到紅柳園，卽今柳園鎮。50里到大泉，30里到小泉，70里到馬蓮井，30里到星星峽，50里到小紅柳園，40到沙泉，30里到疙瘩井，50里到苦水，140里到格子煙墩。70里到長流水，40里到四十里井子，40里到黃蘆岡，靠近大泉灣，80里到哈密。

　　從哈密到駱駝圈子東南的格子煙墩，大致是250里，350里可能有誤。如果阿赤就是今天的苦水，則苦水到哈密一段路程大致可以對應。但是苦水向東到金泉一段，地名則顯得較多，難以安置。可能因爲這一段路程不是實測，《肅鎮華夷志》所說里數誇大。或因人在沙漠中行速減慢，所以誤以爲路程遙遠。

　　林梅村說羽六昆是突厥語的一種植物yulghun，而不說是哪一種植物。其實yulghun就是維吾爾語的紅柳，現在又寫成玉兒滾、玉勒滾等。證明羽六昆很可能就在今柳園鎮，原名紅柳園。

　　召溫虎都、乩失虎都的虎都是維吾爾語、蒙古語的井，應在今馬蓮井到木頭井一帶。

　　值得注意的是，北京大學圖書館藏有一份〈哈密全圖〉，縱96釐米，橫105釐米，硬紙折裝。圖上有經緯線，無比例尺，是康熙五十八年（1719年）敕繪的〈皇輿全覽圖〉的彩繪本分圖，研究者認爲此圖基本反映清朝在征服準噶爾部之前在新疆的統治地區。[13]

　　這幅圖上的地名反映了清朝初年的新疆地名，所以和清中期

13　北京大學圖書館編：《皇輿遐覽：北京大學圖書館藏清代彩繪地圖》，中國人民出版社，2008年，第40—44頁。

以後常見的甘肅通哈密地名不同，主要記載的是非漢語地名，很多地名可以和明代〈絲路山水地圖〉地名對應。清朝在新疆的統治確立後，修建了新的驛站，沿途產生了新的地名，多數是漢語地名，原有很多地名逐漸爲人遺忘。

這幅〈哈密全圖〉上從卜隆吉河向西北，有色勒克圖拉呼都克、忒克里忒、孫柱呼都克、塔拉布拉格、烏蘭阿濟里母、油兒渾、額西默、喀拉嶺、昭虎都克、大郭畢、喀三延圖、額鐵木兒泉、哈剌烏蘇河、西拉虎魯蘇，到哈密。

喀拉嶺的南面，畫出一列顯著的大山。喀拉嶺卽維吾爾語的黑山，卽今甘肅、新疆之間的山。喀拉嶺之北的大郭畢，讀音接近漢語的大戈壁，或許不是源自維吾爾語。

喀拉嶺之南有額西默，顯然是明代〈絲路山水地圖〉的額失乜。再南是油兒渾，顯然是明代〈絲路山水地圖〉的羽六昆。但是〈絲路山水地圖〉的羽六昆在額失乜之北，但是〈哈密全圖〉南北相反。我認爲應從〈哈密全圖〉，因爲〈哈密全圖〉更加可靠。〈絲路山水地圖〉經過轉繪，可能出錯。

無論如何，〈哈密全圖〉說明額失乜（額西默）、油兒渾（羽六昆）是在喀拉嶺（黑山）之南，在今甘肅境內。

昭虎都克，顯然是明代〈絲路山水地圖〉的召溫虎都。額鐵木兒泉，顯然是明代〈絲路山水地圖〉的也帖木兒泉，說明也帖木兒不是乜帖木兒之誤。

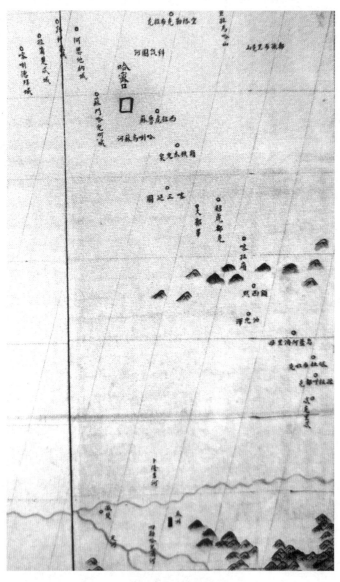

〈哈密全圖〉局部

南路從沙州（今敦煌）出發，經虎木哥城、答失虎都、牙卜剌、哈失卜剌、阿子罕、阿赤、引只克、哈密頭墩、羽術脫雲、乞兒把赤、克兒革乜思。

虎木哥城不可能是陽關，陽關在敦煌的西南，也不應是玉門關。陽關在敦煌的西南，玉門關在敦煌的西北。這一條路應是從敦煌向正北，走青墩峽，也即唐代從沙州（敦煌）到伊州（哈密）的稍竿道。今敦煌正北89公里是青墩峽，再北75公里有博羅台，有古烽火臺，應是明代〈絲路山水地圖〉的討失干，也即虎木哥城。

前人認為，唐代的鹹泉戍在附近，《通典》卷一七四敦煌郡：「北至故鹹泉戍二百三十六里，與伊吾縣分界。」[14]答失虎都，即石頭井，或是今青墩峽之北的明水井。牙卜剌，或是今吊吊泉。哈失卜剌，在今哈密東南。

阿子罕，在小阿赤之南，在苦水東南。小阿赤靠近苦水，向北到阿赤、引只克，進入中路。但是下文所說地名又不同，哈密頭墩似乎即古墩子，即今格子煙墩，羽術脫雲即圖上的牙力忽思脫因。

這一條路，在清代的地圖上也有旁證，中國科學院圖書館所藏的一幅清代〈新疆全圖〉，前人認為是清代道光元年（1821年）到十年（1830年）間繪製，作者不明，紙本彩繪，因為圖中的寧字已經避道光帝之名旻寧諱而改寫，喀什噶爾參贊大臣一職在道光十一年改為喀什噶爾領隊大臣，圖上尚未修改。[15]

14　李正宇：《敦煌歷史地理導論》，第300頁。新文豐出版股份有限公司，1997年。

15　孫靖國著：《輿圖指要：中國科學院圖書館藏中國古地圖敘錄》，中國地圖出版社，2012年，第48—50頁。

　　這幅圖上，畫出了從甘肅到新疆的兩條路，一條是從安西州向西北，一條是從敦煌向西北，經過土窯子、青墩峽、博羅特口、大泉、苦水、紅獅峽、哈什布拉，這一條路的旁邊還注：「此係由敦煌赴哈密之路，行人不走。」

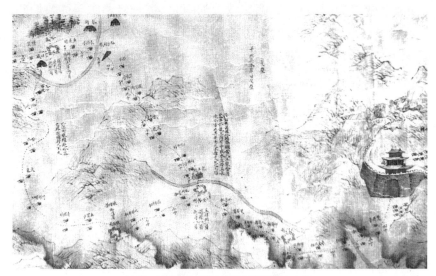

清代〈新疆全圖〉的嘉峪關到哈密段

　　中國科學院圖書館藏有一幅清代〈新疆總圖〉，據研究是清代鹹豐五年（1855年）到八年（1858年）間繪製，作者不詳，紙本彩繪。圖上的巴里坤已經標出設於咸豐五年的鎮西廳，喀什仍然標有領隊二字，則早於領隊大臣撤銷的咸豐八年。[16]這幅圖也畫出了從敦煌向北到哈密的路線，標出青墩、博羅特口、紅獅峽、哈什布特

16　孫靖國著：《輿圖指要：中國科學院圖書館藏中國古地圖敍錄》，第52—54頁。

四個地名，到黃蘆岡和從安西州向西北的路線會合。這幅圖示出的這條路上的地名減少，說明這條路走的人更少，所以圖上在這條路的南端標注：「古大道由此，今廢。」

這兩幅圖上的敦煌到哈密路線，有的地名可以和明代地圖對應。其中哈什布拉靠近哈密，但是《西域土地人物略》的哈失卜剌則在路程的中間段，哈什布拉或是哈失卜剌，或是另一個同名的地名。

這條路上的苦水，應是小阿赤，明代人區分得很清楚，但清代人把兩條路上的阿赤都稱爲苦水。這條路上的苦水在大泉、紅獅峽之間，紅獅峽疑是紅石峽之誤。而他失虎都、牙卜剌、討失乾等地名都不見於清代地圖，清代地圖上的青墩峽、紅獅峽等不見於明代記載。

清代人記載的甘肅到新疆路程，有時會出現紅山子，也是一座紅色的山，在哈密東南，不知是否與紅石峽有關。

明代〈絲路山水地圖〉上的他失把力是石頭城，從位置看，或是今哈密東南的三道城。但是三道城是土城，不是石頭城。17或許是今哈密之北的石城子遺址，在天山鄉石城子村，年代是戰國到漢代。18但是這個石頭城是位置比較遠，所以暫且存疑。如果是這個石城子，則是這幅圖的轉繪者，在轉繪時，把哈密之北的石頭城，畫到了從甘肅到哈密的路上。

17　國家文物局主編《中國文物地圖集‧新疆分冊》，第121、445頁。

18　國家文物局主編《中國文物地圖集‧新疆分冊》，第120、442頁。

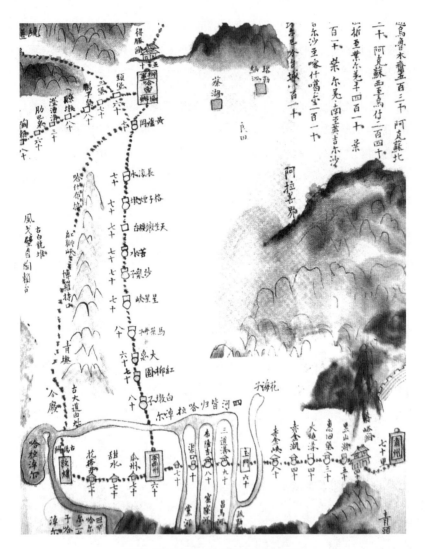

清代〈新疆總圖〉的肅州到哈密段

格子煙墩遺址，東西400米，南北200米，有大片房屋，東北有烽燧，東南有墓地，[19]西側有龍王廟，有乾隆二十二年（1757年）的重修龍神廟記碑，碑文記載清軍行進至此，鑿井得泉，解決全軍用水。[20]前人認為格子煙墩、三道城都是清代建立，其實也可能是明代建立。南路的末端和中路的末端又有不同，或許是有岔道。

也帖木兒泉在哈密之東80里，應是今大泉灣。其東100里，即格子煙墩。再南170里是引只克。

引只克、引池兒不是突厥語yangichek，因為只、池不可能對應gi。我認為是突厥語的駱駝刺yantak，圖上畫出的正是草叢中的泉水。但是170里有誤，應該是70里。

我們再看明代〈絲路山水地圖〉，竟把南路、中路的位置畫反了，南路畫在上方也即北方，而中路畫在下方也即南方。上方的禿（委）兀兒把力，是在哈密之南三十里，就是另一個鐵證。

不過圖上也有很多可取之處，比如羽六昆在今柳園鎮附近，羽六昆就是紅柳，所以圖上畫出一棵突出的柳樹。再如圖上卜答他思是一道東西向的山，正是星星峽以北的山地。

這些細節源自西域人原來的地圖，西域商人不僅熟悉路上的風景，也理解很多地名的本義。明朝的宮廷畫家在轉繪時，雖然有一些變形，仍然把很多細節保留下來。

19　國家文物局主編《中國文物地圖集·新疆分冊》，第121、444—445頁。
20　國家文物局主編《中國文物地圖集·新疆分冊》，第119、451頁。

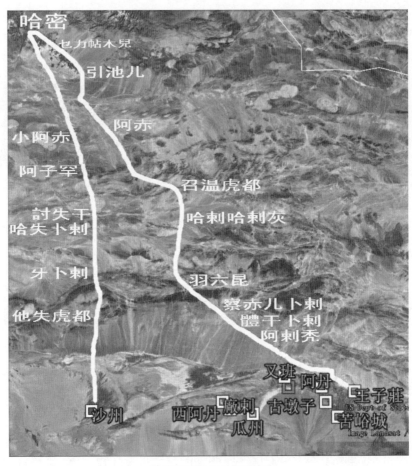

從甘肅到哈密的兩條路

三．哈密到吐魯番地名

《西域土地人物略》：

沙州西三百里，為哈密城（城東有河，河上有橋，有水磨城。
北三十里為速卜哈剌灰，南三十里為畏吾兒把力）。哈密西十
里，為阿思打納城（城北五十里有卜古兒，卜古兒西五十里至
阿打納城，又西為也帖木兒，又西五十里為剌木城，又西有巴
兒海子、雙山兒、簽巴兒山，山西又有雙山兒，有缽和寺城，
城西五十里至哈剌帖乩，其西北為剌木城，剌木至哈剌帖亦
五十里。自哈剌帖乩，而西有察黑兒，有川中雙泉城，又西百里
至中中泉，又西百里有雙泉兒墩）。

阿思打納，西為把兒思闊，又西為脫合城兒。又西為北昌，又
西為魯珍城兒（城南有剌土，有蘆葦草墩，有懶真城，有半截
土墩，有巴思闊山）。魯珍北為羊黑城兒，又西五十里為哈剌
火者，又西五十里為我答剌城，城西百里為土魯番（回回種田
產各色果品樹木，西北有委魯母）。土魯番西二百里，為俺石
城（城南有俺鼻城兒，北有撒剌池）。又西五十里，為蘇巴失
（北有兔真城兒）。又西二百里，為昆迷失（其南有白山兒，其
山東至俺鼻城行六日，其北有池，有昌都剌城兒）。

圖上的委兀兒把力，即畏吾兒把力，即今哈密南的艾勒克吐
爾村附近，有唐代佛塔。

圖上的速門哈六忽，即速卜哈剌灰，岑仲勉說蘇木是部落，哈
剌灰是明代的哈剌灰人，《辛卯侍行記》：「頭堡住店，計行六十
里……纏回呼其地曰蘇木哈剌灰。」林著說是突厥語水的前哨
subqaraghu。我認為岑仲勉所說正確，哈剌灰是明代哈密三大民族
之一，速卜哈剌灰理應源自族名。既然源自族名，則可以是通名，
不僅哈密之西可以有，哈密之北也可以有。哈剌灰是南遷的瓦剌人，

「以射獵爲生」。[21]

　　乾隆《重修肅州新志·西陲紀略》的〈自哈密至準噶爾路程〉說：「二十六日自哈密起身住蘇門哈爾灰城，此站約七十里，路平易走。」[22]蘇門哈爾灰城，卽速門哈六忽、速卜哈剌灰，則在哈密之西六七十里，在今五堡鎭東南。

　　哈密西十里，爲阿思打納城，在今哈密之西不遠。但是十里有誤，十字之前缺一字，因爲十里距離哈密太近，而且北京大學藏清代〈哈密全圖〉，蘇門哈兒呵城（卽速門哈六忽）在哈密的正西，阿思他納在西北，再西才是拉甫楚忒（卽拉甫卻克）。[23]阿思打納似乎比蘇門哈兒呵城（卽速門哈六忽）還遠，似乎在今二堡鎭附近。

　　所謂城北五十里有卜古兒，指的是在哈密之北，不是阿思打納城北。明代〈絲路山水地圖〉上的卜答兒畫在下方，說明哈密部分的南北方向都顛倒了。

　　岑仲勉指出阿打納卽阿思打納，其西的剌術城，卽唐代的納職縣，卽今拉甫卻克古城。巴兒海子是突厥語的bar，卽有海子。我以爲巴兒海子是下文的巴兒思闊，是蒙古語虎湖bars-gol，考慮到這幅圖上的新疆部分顛倒了南北位置，很有可能是今巴里坤湖。

　　林著指出，圖上的脫合赤是今三堡，原名托和齊。我認爲，剌術在四堡村，圖上的大路穿過剌術、脫合赤之間，卽今大路。四堡

21　[明]馬文升：《興復哈密記》，《續修四庫全書》第433冊，第256頁。

22　[清]黃文煒、酒泉縣博物館點校：《重修肅州新志》，酒泉縣博物館，1984年，第653頁。

23　北京大學圖書館編：《皇輿遐覽：北京大學圖書館藏清代彩繪地圖》，第43頁。

在三堡之南，但是圖上的剌術卻畫在了脫合赤之北，說明圖上的哈密部分的南北都顛倒了。

陳誠《西域行程記》說，從哈密：「向西行，有古城名臘竺，多人煙樹木，敗寺頹垣。此處氣候與中原相似。過城通行九十餘里，好水草，安營。」臘竺即剌術，廢棄的寺廟是古代的佛教寺廟，今拉普卻克附近確實有很多唐代的佛教寺廟遺址。[24]

陶保廉認為哈剌帖瓦即哈喇都伯，即今五堡。圖上的哈剌帖別在剌術城西，也被南北顛倒到圖的上方。林著指出，哈剌帖瓦是突厥語的黑丘qarq-tobe。剌術城西有巴兒海子、雙山兒、簽巴兒山，所以圖上畫出一些山。

哈剌帖瓦，疑在今焉不拉克西北，不可能是五堡，原文說從剌術（四堡）五十里才到此地。焉不拉克是維吾爾語的新泉yangi-bulaq，附近有柳樹泉，又靠近河流，是路上要衝。

從剌術到哈剌帖別，有兩條路，一條是向北走，再向西。一條是向西到缽和寺城，再向北。

西有察黑兒，有川中雙泉城，又西百里至中中泉，又西百里有雙泉兒墩。察黑兒即圖上的叉黑兒哈剌忽，其西有兩個泉水，名為帖思、俄卜力，即雙泉。圖上再西有瓦力孛羅等泉水，或即中中泉。林著說俄卜力是高昌之西的我答剌，我認為不確，卜力即泉水bulaq。

察黑兒疑即今焉不拉克，其西百里的中中泉，在三道嶺的南泉、北泉、鴨子泉一帶。陳誠《西域行程記》：「向西北行，高低沙

24　國家文物局主編《中國文物地圖集·新疆分冊》，第120、444頁。

磧，絕無人煙，路徑粗惡。約行九十餘里，略有水草處安營。十八日，晴。早起，向西北行。上坡下坡，盡皆黑石。約五十餘里，地名探里，有少水草處安營。」周連寬說九十里是虛報，又引《新疆遊記》說，三道嶺西北十二里是鴨子泉，三十五里是梯子泉，西南三里到紅莊，是探里。[25]有人認爲探里在今一碗泉和車軲轆泉一帶。[26]

我以爲九十里是實際路程，從剌術（拉甫卻克）到焉不拉克有五十里，再向西則有九十里。哈剌帖別，卽黑石之山，卽十七日所到地。探里，在三道嶺之西五十里，確實是今紅莊。黑石之山，疑卽今煤礦所在山，所以是黑色。

乾隆《重修肅州新志》的〈自哈密至準噶爾路程〉說：「二十七日，自蘇門哈爾灰城，住喀拉托博克地方，此站約百里。路平，亦有田畝。」[27]喀拉托博克應卽哈剌帖別，百里和九十里對應。

再西百里的雙泉墩，在今南泉、一碗泉，一碗泉有清代驛站遺址，留存八間土坯房，墩卽驛站墩台。

圖上的撒力迷失、撒力哈迷失，畫出建築形象，很可能是一碗泉驛站和其西的七角井古城，七角井古城有2000平方米，前人認爲是清代設立，[28]現在看來這兩個聚落是清代人在明代基礎上建設。

陳誠《西域行程記》說：

25　[明]陳誠著、周連寬校注：《西域行程記》，第53頁。

26　陳戈：《明陳誠使西域經行新疆路線略疏》，《中國考古學研究——夏鼐先生考古五十年紀念論文集（二）》，科學出版社，1980年。收入陳戈：《新疆考古論文集》，第677—690頁。

27　[清]黃文煒、酒泉縣博物館點校：《重修肅州新志》，第653頁。

28　國家文物局主編《中國文物地圖集·新疆分冊》，第118、444頁。

起，向西北行，入大川，絕無水草。午後至一沙灘，上有梧桐數株，云是一站，亦無水草。行至中宵，又到一處，有土屋數間、小水窟三二處、苦水一池，云是一站，人馬難住。仍行，至二十日巳時分，又至一所，有土房一二處，小水窟二處，暫飲人馬。復行至一沙灘，有小泉孔三四處，少供人飲，於此少息。

第一個站在今大西湖，有燎墩烽火臺，高6米，前人認爲是清代建立，[29]現在看來很可能是元代設立。第一個小水窟卽一碗泉，第二個小水窟在七角井，其西有梧桐大泉。

脫合城兒，岑仲勉認爲在今東鹽池驛附近，應卽圖上的脫穀思。我認爲很可能是今鄯善縣東北的七克台唐代古城。陳誠《西域行程記》：「至一大草灘，旁有小山，山下有大泉，山上有土屋一所，地名赤亭。自十九日起入大川，行經三晝夜，約有五百里方出此川。于此安營，住一日。」七克台卽赤亭之音訛，唐代有赤亭守捉。

又西爲北昌，卽辟展，卽今鄯善縣，卽圖上的比站城，圖上又把比站和脫谷思的南北位置顛倒。陳誠《西域行程記》：「向西行，中途有古城一處。約行九十里，有夷人帳房處，地名必殘，安營，住一日。」必殘卽比站。辟展和蒲昌同源，羅布泊原名蒲昌海，源自突厥語的馬蓮花。這個名字很早就有，我曾經指出，蒲昌和不周同源，上古音接近，《山海經》記載的不周山就是羅布泊東南的阿爾金山，因爲靠近蒲昌海而得名。[30]

29　國家文物局主編《中國文物地圖集‧新疆分冊》，第118、444頁。

30　周運中：《〈山海經‧西山經〉地理新釋》，《古代文明》2012年第1期。

又西爲魯珍城，在今魯克沁鎮，卽圖上的魯城。圖上的懶眞城，在今連木沁鎮，圖上又把二者南北位置顛倒。

陳誠《西域番國志》：「魯陳城，古之柳中縣地……城方二三里，四面多田園，流水環繞，樹木陰翳。」東漢開始在柳中屯田，《後漢書》卷四十七《班勇傳》：「延光二年夏，復以勇爲西域長史，將兵五百人出屯柳中。」卷八十八《西域傳》：「又有柳中，皆膏腴之地……車師前王居交河城。河水分流繞城，故號交河。去長史所居柳中八十里。」

圖上在魯城、懶眞城之間，有洗兒起乞城，林著認爲是托克遜縣西南的阿格布拉克，是維吾爾語的父親泉，卽《大唐西域求法高僧傳》的師父泉，也卽《西域行程記》的奚者兒卜剌。

我認爲此地在連木沁和魯克沁之間，不可能在今托克遜縣西南，應是今連木沁鎮的色爾克普村，洗兒乞卽色爾克的異譯。此地正是在連木沁、魯克沁之間的交通要衝，其北有色爾克普厄格孜勒溝，是鄯善縣最重要的山口，有大量文物。圖上的洗兒乞城西的大路正是穿過山丘，其實是山谷。

陳誠《西域行程記》：「向西北行。道北山靑紅如火焰，名火焰山。道南有沙岡，雲皆風卷浮沙積起。中有溪河一派，名流沙河，約有九十里，至魯陳城，于城西安營，住四日。三月初一日，晴。明起，向西行，中道有小城，人煙甚富，好田園。約行五十餘里，至火州城，于城東南安營，住三日。」有人說陳誠是經過今鄯善縣城西南的克其克、蘭干到魯陳（魯克沁），[31]我以爲不確，陳誠是經過色爾

---

31   [明]陳誠著、周連寬校注：《西域行程記》，第54頁。

克普厄格孜勒溝，所以說有谷內有河。

明代人走的路和清代人不一樣，現在從鄯善到吐魯番的大路是經過勝金口，但明代人主要是走色爾克普厄格孜勒溝。

乾隆《重修肅州新志》的《自哈密至準噶爾路程》說：「初三日，自皮禪城住勒木金地方，此站有八十里，勒木金城內居人幾二百家……初四日，自勒木金住僧濟木城，此站有六十里。城小，居人約百餘家……初五日，自住土爾番，此站有百里。」[32]皮禪城即今鄯善縣城，勒木金即連木沁，僧濟木城即勝金，說明清代人改走勝金口。

魯珍北為羊黑城兒，即圖上是羊黑城，即今洋海，有清代艾斯克巴扎城址，很可能在明代就有。

又西五十里為哈剌火者，即圖上的火者城，今高昌城。圖上的火者（高昌）在南，羊黑在北，方向又顛倒。耶律楚材《西遊錄》：「城之南五百里，有和州，唐之高昌也。」

陳誠《西域番國志》說火州：「天氣多熱，故名火州，城方十餘里，風物蕭條，昔日人煙雖多，僧堂佛寺過半，今皆零落。東邊有荒城基址，云古之高昌國治，漢西域長史、戊己校尉並居焉。唐置伊西庭節度使，今為別失八里馬哈木王子所隸。」

其實火州是高昌的音訛附會，不是源自火者，火者是伊斯蘭教傳入後的音訛附會。《漢書》卷九十六下《西域傳下》記載車師前國有高昌壁，《後漢書·西域傳》說和帝永元：「三年，班超遂定西域，因以超為都護，居龜茲。復置戊己校尉，領兵五百人，居車師前

32　[清]黃文煒、酒泉縣博物館點校：《重修肅州新志》，第654頁。

高昌古城可汗堡

部高昌壁，又置戊部候，居車師後部候城，相去五百里。」高昌或許源自本地月氏語，《北史》卷九十七《西域傳》：「地勢高敞，人庶昌盛，因名高昌。亦云：其地有漢時高昌壘，故以爲國號。」伯希和指出，突厥人接觸到脫落了-ng韻尾的漢語西北方言，記作Qocho，又在遼代傳入內地，記作和州或火州。33有學者認爲，吐魯番的語源可能是吐火羅語的堅固，所以高昌很可能源自漢代人翻譯的吐火羅語。34

　　陳誠到達這裡時，高昌城已經荒廢。陳誠說佛寺零落，因爲這

33　[法]伯希和著、馮承鈞譯：《高昌、和州、火州、哈剌和卓考》，《西域南海史地考證譯叢》第二卷第七編，北京：商務印書館，1995年，第18—24頁。

34　阿布力克木·阿布都熱西提：《從吐魯番到敦煌——"Turpan"（吐魯番）一名語源、語義考》，《中央民族大學學報》（哲學社會科學版）2014年第3期。

裡很多人已改信伊斯蘭教。陳誠說佛寺在高昌城的西部，指的是高昌外城內西南角的大佛寺，今有遺址。陳誠說東邊的荒城指的是內城，北部有可汗堡，再北是宮城，所以說是高昌國的治所。

又西五十里爲我答剌城，其西百里是吐魯番。岑仲勉說是阿斯坦納，按照距離比例不對，但是從高昌到吐魯番僅有100里不到，所以是原文距離有誤，則我答剌可能是今高昌西北不遠的阿斯坦納。有晉到唐代墓群，占地10平方公里，墓主多數是高昌城的居民，現在發掘墓葬編號有532座，附近的哈拉和卓有338座。[35]大概是著名的墓地，所以比較著名。

西百里爲土魯番，西北有委魯母，卽圖上的母六禿，參考上文所說禿兀兒是委兀兒，則母六禿是母六委。岑仲勉說委魯母卽烏魯木齊，林著說是吐魯番東北的Murtuq，我認爲不是母六禿，應根據委魯母解釋。

圖上吐魯番的下方有牙兒城，卽交河故城，牙兒是維吾爾語的崖yar，因爲城在兩河之間的高崖上，俗稱雅爾湖古城。《漢書·西域傳下》：「車師前國，王治交河城。河水分流繞城下，故號交河。」

陳誠《西域番國志》土爾番：「城西三十里有小城，居水崖上，名崖兒城，則故交河縣治……二水交流，斷崖居中，因崖爲城，故曰崖兒。廣不二里，居民百家，舊多寺宇，有石刻存，古爲車師國王所居，後復併交河縣治，今並入土爾番焉。」

35　國家文物局主編《中國文物地圖集·新疆分冊》，第111、410頁。

交河故城從西南向東北看

　　土魯番西二百里，爲俺石城，城南有俺鼻城兒，北有撒剌池。岑仲勉說俺石是雅木什，在今吐魯番西南的也木什。圖上的俺失（也木什）在北，而母六禿（委魯母）在南，南北方向仍然顚倒。

　　陳誠《西域番國志》：「鹽澤城在崖兒城之西南，去土爾番城三十餘里，城居平川中，廣不二里，居民百家……城北有矮山，產石鹽，堅白如玉，可琢磨爲器，以盛肉菜，不必和鹽，此鹽澤之名是也。」《西域圖志》：「雅木什，相傳其地多鹽池，舊有漢人居之，因習漢語，後遂訛爲雅木什。」其實雅木什是漢語音譯，不是因爲漢人居住而學漢語，也不存在音訛之說，這是陳誠的誤解。

　　林著誤以爲雅木什（鹽澤城）是高昌、篤進（今托克遜）之間的無半城，在今吐魯番南十二公里處。這座古城既然不在今也木什，就不是雅木什（鹽澤城）。查文物地圖集，今吐魯番的南部有五個古城：讓布公商、拉木帕公相、帕克拉克、大墩、闊坦吐爾。無半城，或許是讓布公商城，從北朝延續到元代，南北435米，東西415米。[36]年代接近明代，面積較大。

36　國家文物局主編《中國文物地圖集・新疆分冊》，第111、406頁。

吐魯番地名

四・和碩到拜城地名

圖上脫辛（今托克遜）左側有速巴失，卽蘇巴什，維吾爾語意思是水源，圖上畫出的水體形狀正是水源，卽今托克遜縣城南部的蘇貝希。《西域土地人物略》稱蘇巴失北有兔眞城，卽托克遜。陳誠《西域行程記》：「平川地，約行五十餘里，有小城，地名托遜。」

再向南，經過庫米什鎮，到和碩縣境內，庫米什卽《西域土地人物略》的昆迷失，其南是白山，今有白土灘、白土塘等地名。

唐代岑參有詩〈天山雪歌送蕭治歸京〉：「北風夜卷赤亭口，一夜天山雪更厚。能兼漢月照銀山，復逐胡風過鐵關。交河城邊鳥飛絕，輪台路上馬蹄滑。」上文已經說過，赤亭卽今七克台。銀山在今托克遜縣庫木什，維吾爾語卽銀子。《新唐書・地理志》：「自州西南有南平、安昌兩城，百二十里至天山西南入谷，經礌石磧，二百二十里至銀山磧。又四十里至焉耆界呂光館。又經磐石，百里，有張三城守捉。又西南百四十五里，經新城館，渡淡河，至焉耆鎮城。」

銀山磧卽今庫米什鎮的沙漠，呂光館，源自前秦出征西域的呂光，在庫米什鎮之西。又西百里的磐石，在今和碩縣東部。張三城，很可能是今烏什塔拉之東的蘭城遺址，是唐代古城，邊長200多米，基寬30米，東牆外有甕城，壕溝寬20米，城內分南北兩城。[37] 顯然是一個比較重要的城，很可能是張三城。新城館，或許是今焉

37　國家文物局主編《中國文物地圖集・新疆分冊》，第502—503頁。

耆縣東北的硝爾墩古城，周長1700米，牆寬20米，高3米。[38]是一個
重要的唐代古城，但又不是唐代的焉耆國都城。焉耆國都城，應是
今焉耆縣四十里城子鎮的柏格達沁古城。硝爾墩古城在柏格達沁
古城的東北，正是在焉耆國東北的必經之地。而且在今焉耆縣東北
部，也即在焉耆國東北邊境。

圖上再左側有阿剌術墩台、術苦城、叉力失城，林著說阿剌術
是突厥語的黑水Qarasu，術苦可能是突厥語新出的草shurge，都在
托克遜縣附近，叉力失是今焉耆。

我認為此說不確，因為《西域土地人物略》說：「昆迷失西
二百里為阿剌木，又西百里為叉力失城。叉力[失]南有他林河，叉力
失西百里為哈剌哈失、鐵城。其南格卜城兒、扯力昌。」

岑仲勉認為，昆迷失即今托克遜西南的庫米什，阿剌木在其
二百里，則在今和碩縣的烏什塔拉，又名烏沙克塔勒。清代蕭雄寫
于同治、光緒年間的《西疆雜述詩》卷二〈哈剌沙爾〉：「（庫木什）
九十里至烏沙塔拉，一百二十里至清水河，即特伯爾古。」叉力失是
清水河城，哈剌哈什鐵城是焉耆，格卜城或是卜格城之倒誤，是焉
耆西南的Baghdad-Shahri廢城。

我認為，按地圖，庫木什向西二百里，已到烏什塔拉，則阿剌
術墩台即今烏什塔拉，塔拉是突厥語草原talas。因為不是城，所
以畫成墩台，烏什塔拉確實是一個小鎮，有墩台，而無城。所以阿
剌術是阿剌木之誤，即突厥語的蘋果城。哈薩克斯坦原首都阿拉
木圖、阿力麻里（在今霍城縣）都是蘋果城之義，如果解釋為黑水

38　國家文物局主編《中國文物地圖集·新疆分冊》，第525頁。

qarq-su，則應是哈剌蘇而非阿剌術，讀音不合。

　　叉力失城在其西百里，確實是清水河古城，今天又名西地古城，在今和碩縣城南，其南是博斯騰湖。

　　二者中間的術苦，卽曲惠古城，讀音接近，清代又稱楚輝Chukur，曲惠、清水河兩個古城都是漢代古城。[39]

　　叉力失城（清水河古城）西百里的哈剌哈什鐵城，是今焉耆，雖然直線距離不足百里，但是因爲中間是博斯騰湖，古代湖面更大，所以要繞道，百里是實際行程。鐵城或許是鐵門關，在焉耆之南，庫爾勒之北，圖上畫出鐵門關，正是山谷要衝。再南的格卜城，疑卽今庫爾勒。

阿剌木、術苦、叉力失、鐵門關位置圖

39　國家文物局主編《中國文物地圖集・新疆分冊》，第143、502頁。

今天庫爾勒之北的鐵門關景區，在峽谷的東南建有新的城樓，還有民國二十一年（1932年）的「襟山帶河」摩崖石刻，據介紹這是1932年，馬仲英和加尼牙孜起兵，金樹仁派盛世才在吐魯番、托克遜、鄯善一帶防堵，令土爾扈特部多布棟策楞車敏率騎兵往鄯善設防，多布棟不願介入糾紛，避居珠勒圖斯山中。金樹仁急調綏定營長張得勝，由珠勒圖斯進駐庫爾勒，與駐防焉耆的騎兵旅長詹世奎，組成聯防指揮部，在阿古柏城堡後門建關樓和碉堡，即今鐵門關城樓處，不是古代的鐵門關。

鐵門關峽穀最窄處在今天城樓之北，我在路邊看到古代的十多間房基。前人認為古代的鐵門關不在河谷的南口，而在其中段的孔雀河大拐彎處，說山頂上有數十間房屋遺址。[40]

鐵門關「襟山帶河」石刻、阿古柏屯兵洞

40　陳戈：《鐵門關、鐵關穀和遮留谷》，《西北史地》1985年第4期，收入陳戈：《新疆考古論文集》，第658—662頁。

　　唐代的鐵門關就很出名，岑參有詩〈使交河郡〉云：「奉使按胡俗，平明發輪台。暮投交河城，火山赤崔巍。九月尙流汗，炎風吹沙埃。何事陰陽工，不遣雨雪來。吾君方憂邊，分闔資大才。昨者新破胡，安西兵馬回。鐵關控天涯，萬里何遼哉。」此處的輪台是唐代的輪台縣，在今烏魯木齊南部的大灣鄉烏拉泊村，扼守烏魯木齊向南的穀口，不是漢代的輪台城。岑參從輪台到交河城，靠近鐵門關，所說的鐵關就是今庫爾勒的鐵門關。

　　岑參又有詩〈火山雲歌送別〉云：「火山突兀赤亭口，火山五月火雲厚。火雲滿山凝未開，飛鳥千里不敢來。平明乍逐胡風斷，薄暮渾隨塞雨回。繚繞斜吞鐵關樹，氤氳半掩交河戍。迢迢征路火山東，山上孤雲隨馬去。」赤亭即今七克台鎮，鐵關即鐵門關。

　　扯力昌，即今庫爾勒之西的庫爾楚，也即明代〈絲路山水地圖〉的扯術。圖上的扯術畫在樹旁，旁邊的城標名答思，疑二者顛倒，扯術是城名，答思是城旁之地，即草原talas。

　　圖上在扯術之下，還有禿小剌、牙力把失、叉梯兒、蠻術力孛剌等小地名。林著說叉梯兒是今策大雅，蠻術力孛剌是《西域土地人物略》的淤泥泉，孛剌是突厥語泉水bulaq，在今庫爾勒。我認爲既然叉梯兒是策大雅，已經在今輪台縣，則蠻術力孛剌也在今輪台縣。

　　再西的曲先，即庫車。圖上的曲先舊城在西南，靠近河流，曲先新城在東北，大路經過兩城之間。林著說新城是清城，舊城是漢城。漢代龜茲城在今庫車東北，而清代城在西南，圖上的方向經過扭轉。

　　再西是卜古兒城、沙的郎哈六忽城、拜城，拜城無疑是今拜城縣，源自突厥語的富饒bay，也卽伯顏、巴依。岑仲勉指出，西牙河卽今從拜城縣南流到庫車縣的木扎爾特河，其東源是克孜勒河，音譯爲西牙。

　　林著認爲卜古兒城是新和縣的通古斯巴西城，古代另有一個卜古兒，喀什噶里的《突厥語大詞典》：「Bügür，輪台。建築在龜茲（Kuca）和回鶻之間一個山頂上的城堡，是個邊境哨所。」龜茲卽庫車，這個Bügür卽卜古兒，是今輪台縣的闊納協海爾古城，不是庫車之西的這個同名的卜古兒城，沙的郎哈六忽城位置不考。

　　我認爲今庫車和新和縣、沙雅縣之間的古城很多，圖上的卜古兒城在沙的郎哈六忽城之東的大河之東。而沙的郎哈六忽城，可以考出位置，《西域土地人物略》說：「苦先城，又西一百里爲西牙河城，城北有雙山關，有阿思馬力城，西北有迤西闊海子。西有沙的郎哈，西南有花蛇河，南有赤利店。」

　　克孜勒應譯爲克西牙，原文脫去一個克字。西牙河城，應在木扎爾特河的上游。從庫車縣城向西到木扎爾特河，不足百里的距離，所以西牙河城還在上游，應是今拜城縣東南的克孜爾千佛洞南面的闊納協海爾古城，距離庫車正是百里，而且在河邊，而且扼守拜城縣通往塔里木盆地的山口，位置重要。

　　這個闊納協海爾古城和林著所說輪台縣的闊納協海爾古城，正好同名，所以喀什噶里《突厥語大詞典》所說的卜古兒，應是拜城縣的闊納協海爾古城，前人混淆了兩個古城。

　　沙的郎哈六忽城，在今拜城縣東北，《西域水道記》卷二：「什

和坦爾山水自東北來、沙爾達朗水自東來，又匯，西南行七十餘里，經赫色勒軍台西，爲赫色勒河……又南流三十餘里，經千佛洞西。」[41]則沙爾達朗（沙的郎哈）在赫色勒（克孜勒）河上游之東，在今黑英山鄉東北，沙的郎哈六忽城可能是黑達依協海爾古城，是北朝到唐代古城。[42]

　　這個地方看似偏僻，但是黑英山鄉的西北，喀拉塔格山柏孜克日格溝口，山崖上有東漢桓帝永壽四年（158年）的《劉平國治關亭誦》石刻，記載龜茲左將軍劉平國開鑿山道的歷史。這條山道，穿過天山，向北通往伊黎河穀，溝通塔里木盆地和水草豐美的伊黎河谷，所以是一條要道。

　　伊黎河谷是烏孫居地，漢朝聯合烏孫夾擊匈奴，所以漢代的這條道路非常重要。因爲這條路很重要，所以今天黑英山鄉還有薩依協海爾古堡、大坑協海爾遺址、薩拉依塔木烽燧、阿克塔什石窟、玉開都維石窟等很多漢唐遺跡，是拜城縣境內漢唐遺跡最集中處。

　　明代〈絲路山水地圖〉的沙的郎哈六忽城，畫在河西，而卜古兒城畫在河東，恰好顛倒，因爲克孜勒河本來不在去西域的大路上，所以圖上這一段本來應拼接在北部的岔路。可能因爲原圖有誤，或宮廷畫家改繪時有誤。

　　圖上拜城之西的克卽力，卽指克孜勒河，應在拜城東北，而不是西部，圖上的方位有誤。

　　圖上在上方，還有他林、阿赤、撒六兀六三個地名，撒六兀六

41　[清]徐松著、朱玉麒整理：《西域水道記》，中華書局，2005年，第95頁。

42　國家文物局主編《中國文物地圖集・新疆分冊》，第143、502頁。

是一個城。林著引岑仲勉釋阿赤爲突厥語的苦水achigh，又說在今拜城縣西北，他林是塔里木河Tarim，撒六兀六是突厥語的黃泉sariyul。

我認爲，這三個地名都在今沙雅縣或庫車縣南部的塔里木河邊，阿赤是苦水，撒六兀六是黃泉，不像是拜城縣北部的山溪源頭地名。

塔里木卽今沙雅縣南的塔里木鄉，《西域水道記》：「逕沙爾雅城，又逕沙山南，折而北，地曰塔里木，西北距沙爾雅城二百許里。」

撒六兀六是一個城，因爲沙雅縣南部的古城很多，這個古城難以確定是今天的哪一個古城。撒六兀六可能是維吾爾語shahrok-ulugh，卽大王城。Shah是波斯語的王，rok是城堡，ulugh是大。帖木兒爲他的沙哈魯（Shahrok）建造的城市卽沙鹿海牙，沙鹿和撒六讀音非常接近。撒六兀六城應該是一個很大的城，或許是沙雅縣英買力鎮英買里村的烏什喀特古城，面積約35萬平方米，南北約700米，東西約500米，基寬20米。[43]從渭干河向南到塔里木河北岸的塔里木鄉，要經過這個大城。

這三個地名，本應在圖的下方，但是顛倒到圖的上方，說明從甘肅到哈密的南北顛倒錯誤一直錯到新疆西部。

43　國家文物局主編《中國文物地圖集·新疆分冊》，第160、540頁。

曲先（庫車）到拜城地名圖

五‧阿克蘇到伊爾克什坦地名

圖上再西，有三個古城，不標名字。應是今阿克蘇，因爲《西域土地人物略》說：「西牙河西三百里，爲阿黑馬力城，又西南百里爲土力苦扯城。其城東至擺城四十里，土力苦扯西北百里爲阿迷城，三城相連，周環山水。」

岑仲勉指出，阿迷城是阿速城之誤，卽阿克蘇，《西域圖志》說：「阿克蘇在拜城西四百里……三城皆小而固。」明代<絲路山水地圖>的阿克蘇畫得很清晰，確實是山水環繞，可惜漏標了地名。

其西的兀赤，無疑是今烏什縣。不過圖上從阿克蘇分出兩條路，一條通往烏什，一條通往另一個大城，也有三個城相連。我認

為這個大城，雖然未標名，但是很可能是指和田。因為阿克蘇西北、西南都沒有大城，只有正南有和田河，沿河有道路通往和田，今天仍然有公路穿過塔克拉瑪干沙漠。和田是重要的大城，圖上標出。

通往和田的路上還要一些小城，未標名，再西是牙兒干，牙兒干無疑是葉爾羌，在今莎車縣而非葉城縣。葉爾羌Yarkang卽河崖城，是南疆大城，中間的未標明小城應是今皮山、葉城等地。

林著認為圖上的牙兒幹是今巴楚縣的另一個同名地名，我認為不確，因為圖上的牙兒干不在從兀赤（烏什）到阿昔力丁阿禿赤（喀什）的路上，而在阿昔力丁阿禿赤（阿圖什）分出的岔路上，所以肯定不在巴楚縣。巴楚縣的古城遠遠不及葉爾羌古城有名，不可能標在圖上。

圖上這一段本應畫在下方，但是被顛倒到上方，這是從甘肅到哈密開始出現的南北顛倒錯誤。

阿昔力丁阿禿赤，卽河西丁城、阿斯騰阿剌圖什，讀音接近，《西域土地人物略》說：「河西丁城，城南有鎮河城兒，東南有海子。河西丁北三百里為赤的哈馬城，城西南為哈失哈力城，城西為失哈力城……又西為尚力，又西二百里為我撒拉，其西南為計敵巴失，西北為賽蘭。又南五百里為土剌城。」

岑仲勉說，河西丁城在哈失哈力城（喀什）東北，《西域圖志》卷一七：「阿斯騰阿剌圖什，在玉斯屯阿剌圖什西八十里，地當山口……東南距喀什噶爾城六十里。」河西丁城卽阿斯騰阿剌圖什（Astin-artish），《西域圖志》說的是今阿圖什市的上阿圖什，東南

到喀什60里。

今阿圖什市西南的上阿圖什，在喀什的西北，而阿圖什市所在的下阿圖什，在喀什的東北。河西丁城應是今上阿圖什，但是明代〈絲路山水地圖〉的阿昔力丁阿禿赤在右側，〈西域土地人物圖〉的河西丁城也是恰失恰力（喀什）的右側，即東北。玉斯屯現在經常譯爲吾斯塘，指水渠。但是astin是維吾爾語的下方，所以河西丁才是下阿圖什，所以河西丁應是下阿圖什，如此則相對位置和名義都符合。

而〈西域土地人物圖〉的河東丁城，顯然是中原人誤加的名字。河西丁是音譯，不存在河東丁，這個笑話如同漢代中原人根據西王母造出不存在的東王公。但是我們想到，中原人根據的西域人所畫地圖上原來空缺一個城的名字。但是這個原名未標明的城，未必是喀什三城之一，因爲圖上的恰失恰力（喀什）城南北各突出一塊，不知是表示三個城還是甕城。

明代〈絲路山水地圖〉上的阿昔力丁阿禿赤、倘力之間，還有一個很大的城，有三個城相連，即今喀什，喀什是重要的大城，不可能不畫，可惜圖上漏標其名。喀什確實是三城相連，今市區東北有江庫爾干古城，俗稱爲高臺古城，已開闢爲古民居景點。市區東南有艾斯克沙爾漢代古城，在吐曼河和克孜勒河中間，位置重要，很可能是漢代的疏勒城。

二者中間是清代的徠寧古城，今爲鬧市，可能源自明代的羅城。圖上有一個城和另外兩個城隔開，隔開的那個城可能是艾斯克沙爾漢代古城，和市區稍有距離。我在2015年考察了喀什市區的這

三個古城，艾斯克沙爾城址、徠寧城址都在路邊，可以看到。

漢代艾斯克沙爾城遺址

倘力即尙力，在喀什之西。向西二百里的我撒拉，卽〈絲路山水地圖〉上的俄撒剌，林著認爲俄撒剌是今烏恰縣，源自Otrar，具體地點不考。

我認爲俄撒剌不是今烏恰縣城，而是今烏恰縣西部的吾合沙魯鄉，讀音接近。今烏恰縣名是烏魯克恰提的簡化，卽突厥語的大山口。據說吾合沙魯的原義是子彈上膛，圖上的吾合沙魯畫成一堆箭，表示戰爭結束，符合迎敵之意，而子彈上膛可能是近代人附會，這個地名很早就有。

倘力在俄撒剌（吾合沙魯）之東二百里，則是克孜勒河出山的沖

積扇，在今疏附縣西北。

圖上的倘力之南，有帖列力，岑仲勉懷疑土剌可能是突厥語的塔樓tura，也可能是Terak，即帖列克山隘。林著認為，圖上的帖列力在阿圖什和烏恰之間，可能是《元朝秘史》曲先（庫車）之後的答里勒，源自巴基斯坦北部的地名Darel，前人或以為是塔里木之訛。

我認為，帖列力和答里勒、Darel讀音有差異，岑仲勉說的帖列克是今新疆常見地名，是突厥語的白楊樹terak。或許圖上的帖列力是帖列克之訛，是一個小地名，今吾合沙魯東南就有波斯坦鐵列克。喀什西南的要地是塔什庫爾干，但是這一路上找不到著名的帖列失地名，所以或許不是大地名。

圖上的和田到葉爾羌一段本來應在圖的下方，但是中原畫家不明新疆地理，誤畫在圖的上方，顛倒了南北方向，也可能是原圖拼接失誤。圖上的喀什向南，還有一條路，這條路本來是通往葉爾羌（今莎車縣）。兀赤（烏什）向南也有一條路，這條路本來也是通往塔里木盆地。所以圖上的塔里木盆地南部一條路雖然拼接失誤，但是仍然留下了可以證明的兩個線索。

喀什到烏恰縣地名圖

第五章 中亞的商路

　　明代〈絲路山水地圖〉的中亞部分，從亦乞咱打班（伊爾克什坦達坂）開始，到沙哈魯的都城哈烈（赫拉特）結束。圖上的中亞商路，分為上下兩條。前人未能注意到兩條的路線差別很大，絕不能混淆。而且上方的一條商路，其實是在東南，而下方的一條商路，其實是在西北，兩條路線的位置恰好顛倒了。

　　東南的一條商路，因為經過帕米爾高原到今阿富汗東北部，考證較難，所以前人未能發現真正的路線。從撒馬兒罕到把力黑（巴爾赫）的路線，也出現了局部顛倒。因為是兩條路線，所以有的地名出現了兩次。總的來說，中亞部分的考證的難度也很大。

一‧伊爾克什坦到撒馬爾罕地名

　　明代〈絲路山水地圖〉過了俄撒剌（烏恰）之西的亦乞咱打班即伊爾克什坦達坂，在伊爾克什坦口岸之西，已在今吉爾吉斯斯坦境內。

　　再向西是蘇咱打班，打班即達坂，圖上畫成一個高山，即今阿賴山。林著說蘇咱源自波斯語的針Sozan，不提地點。

　　我以為，蘇咱打班在今吉爾吉斯斯坦奧什州的南部，很可能在

薩雷塔什（Sary Tash），這裡向北進入山地，讀音也接近。

再向西是郎加古力舌比比，林著說郎加是波斯語的客棧lngr，古力是波斯語的花gula，不考位置。

我認為，古力舌是今奧什東南的古爾查（Gulcha），此地雖然未進入費爾干納盆地，但是地處河谷寬闊地帶，海拔降到1530米，比薩雷塔什海拔低了一半，所以圖上畫在平原。比比，語源不詳。

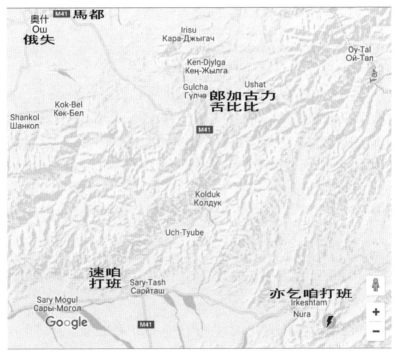

從亦乞咱打班到俄失

俄失之東的馬都，即今奧什之東的馬德（Mady），正在通往奧什的路上。圖上再向西，是俄失，即今奧什（Osh）。但是圖上把奧什

畫成一個小城，馬都反而畫成一個在高地上的大城，或許是因為馬都的城堡更著名，巴布爾回憶錄說馬都城堡以堅固難攻而著名。[1]

俄失之西的俺的干，即今安集延（Andizhan）。其西是剌巴，即阿拉伯語的客棧Rabat。

其西的瑪律黑納，即今瑪律吉蘭（Margilan）。其西的把力，即突厥語的城市balik。

其西的納速，林著認為是《明史·西域傳四》的納失者罕，我認為應是瑪律吉蘭和卡尼巴達姆之間的里斯頓（Rishton），這個一個大村莊，所以圖上畫成一個小城。

其西的坎巴爾丹，是今苦盞之東的卡尼巴達姆（Kanibadam），源自巴旦木城Kand-i-badam。耶律楚材《西遊錄》：「芭欖城邊皆芭欖園，故以名。其花如杏而微淡，葉如桃而差小。冬季而花，夏盛而實。」芭欖即巴旦杏，芭欖城即此地。圖上城西又有一個剌巴，即阿拉伯語的客棧Rabat。

坎巴爾丹之西的黑寫歪，即今黑斯特瓦茲（Histevarz），讀音接近，在今苦盞東南位置符合，又作Kistakuz或Khistevarz。

向西的火站，即今苦盞（Khujand）。苦盞扼守費爾干納盆地的出口，自古以來是重要城市。

阿子懶答，林著認為是阿賴山Alaytag，蒙古語的alay是火，突厥語的tag是山。我認為此說不確，原文還有一個子。原圖是城市，不是山。

1　[印度]巴布爾著、王治來譯：《巴布爾回憶錄》，第106頁。

我認爲，阿子懶答是古代的東曹國，《新唐書》卷二二一下：「東曹，或曰率都沙那、蘇對沙那、劫布呾那、蘇都識匿，凡四名。居波悉山之陰，漢貳師城地也。東北距俱戰提二百里，北至石，西至康，東北寧遠，皆四百里許，南至吐火羅五百里。」玄奘《大唐西域記》卷一：「窣堵利瑟那國，周千四五百里，東臨葉河……從此西北入大沙磧，絕無水草。途路彌漫，疆境難測。望大山，尋遺骨，以知所指，以記經途。行五百餘里，至颯秣建國，唐言康國。」

東曹在俱戰提（苦盞）西南二百里，在葉河（錫爾河）西南，原義是乾燥Sutrsna。從此地到颯秣建（撒馬爾罕）之間是沙漠，故名沙地。阿拉伯人記爲Ushrushana或Usrushanah，讀音接近阿子懶答。《道里邦國志》說從苦盞到撒馬爾罕，要經過Usrushanah。[2]

巴布爾說，東曹國古城即今伊斯塔拉夫尙。[3]下文將考證，俄剌脫伯是今伊斯塔拉夫尙，則東曹國古城可能另有地點。

圖上再向西，有一道山，山前的小城，標名俄剌脫伯，林著認爲是Uratobe，不考位置。其實俄剌脫伯就是今塔吉克斯坦的伊斯塔拉夫尙（Istaravshan），在苦盞西南，以前名爲烏拉托別（Ura-Tyube），讀音接近俄剌脫伯，塔吉克語是Ūroteppa，烏茲別克語是Oratepa。2000年，改名爲伊斯塔拉夫尙。Tepa是山，所以圖上有一道山，即今伊斯塔拉夫尙南部的突厥斯坦山脈，其實是東西走向。俄剌脫伯旁還有一個大城市，稱爲東哈答，但是東哈答應是一個小地方，所以圖上這兩個地方的名字可能也標顛倒了。

2　　[阿拉伯]伊本・胡爾達茲比赫著、宋峴譯注、郅溥浩校訂：《道里邦國志》，中華書局，1991年，第32頁。

3　　[印度]巴布爾著、王治來譯：《巴布爾回憶錄》，第14頁。

　　圖上在阿子懶答的右側，有一道山，其東有小城，標名我剌坎巴思。林著認爲〈西域土地人物圖〉是阿力坎打思，源自Il-kand-bashi。我以爲不確，我剌坎巴思顯然是俄剌脫伯的同源地名，我剌卽俄剌，我剌坎巴思是Ora-kand-bashi，bashi是源頭，應在今伊斯塔拉夫尙的東南，具體位置待考。圖上那道山也應是東西走向，而不是南北走向。

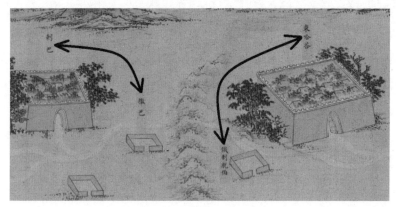

圖上應該對調的地名

　　向西的撒巴，林著說似乎源自阿拉伯語Sabat，位置不考。我認爲，《道里邦國志》的〈從扎敏到拔汗那的道路〉記載扎敏（Zamin）之北的薩巴特（Sabat）卽圖上的撒巴，[4] 扎敏是今撒馬爾罕東部的扎敏（Zaamin），撒巴是其正東的撒瓦特（Savat），b、v都是唇音，讀音接近。

　　圖上把撒巴畫成一個小城，把剌巴畫成一個大城，顚倒了二

4　[阿拉伯]伊本·胡爾達茲比赫著、宋峴譯注、郅溥浩校訂：《道里邦國志》，第32頁。

者，剌巴是阿拉伯語的客棧Rabat，圖上多數剌巴都是小城。

從奧什到吉扎克的路線圖

我們把上述地名考證清楚，再看《西域土地人物略》說，俺的干城西七百里到我失，再西三百里到馬都，再西南五十里到砍的巴丹，再北三百里到黑寫歪，再西三百里到阿力砍打思，再西到阿懶答云云，簡直錯得一塌糊塗！由此可知，《西域土地人物略》的方位描述絕不可信，是作者根據〈西域土地人物圖〉寫出。因為〈西域土地人物圖〉畫得很不清晰，所以《西域土地人物略》的作者不可能得出正確的方位描述。所以《西域土地人物略》還經常說到有水磨，其實水磨是很多地方都有的普通之物，不過是因為圖上偶爾畫出，本來可以不提。

我們明白了《西域土地人物略》的方位很不可信，就不能根據此篇來考證地名，而應根據〈絲路山水地圖〉和其他圖書。

二·撒馬爾罕向西、向南地名

　　明代〈絲路山水地圖〉的把力黑（巴爾赫）、撒馬兒罕（撒馬爾罕）之間有高山，這座高山即今烏茲別克斯坦南部的高山。圖上的把力黑（巴爾赫）、鐵門關的位置恰好顛倒，應該對調。

　　玄奘走過這條路，《大唐西域記》卷一說：

> 從颯秣建國西南行三百餘里，至羯霜那國（唐言史國）。羯霜那國周千四五百里，土宜風俗，同颯秣建國。從此西南行二百餘里入山，山路崎嶇，谿徑危險，既絕人里，又少水草。東南山行三百餘里，入鐵門。鐵門者，左右帶山，山極峭峻，雖有狹徑，加之險阻，兩傍石壁，其色如鐵。既設門扉，又以鐵錮，多有鐵鈴，懸諸戶扇，因其險固，遂以為名。

　　颯秣建國即撒馬爾罕，羯霜那國（史國）即Kasanna，帖木兒時代改名為波斯語地名沙赫里薩布茲（Shahr-i sabz），意為綠城，是帖木兒的家鄉。

　　耶律楚材《西遊錄》：「尋斯干者，西人云肥也，以地土肥饒，故名之。西遼名是城曰河中府，以瀕河故也。尋斯干甚富庶，用金銅錢，無孔郭，百物皆以權平之。環城數十里皆園林也，家必有園，園必成趣，率飛渠走泉，方池圓沼，柏柳相接，桃李連延，亦一時之勝概也。」陳誠《西域番國志》撒馬爾罕：「城內人煙俱多，街巷縱橫，店肆稠密，西南番客多聚於此。貨物雖眾，皆非其本地所產，多自諸番至者。」

　　其南的高山，在今蘇爾漢河省和卡斯卡達利亞省之間。鐵門關也是西突厥汗國的南界，《大唐西域記》說過了鐵門是睹貨邏國故

地。

　　圖上高山之南的撒子城，林著認爲是〈西域土地人物圖〉的撒子城，巴托爾德認爲在撒馬爾罕西北的Zazbaliq，我認爲此說不確，因爲位置不合。高山之南，已經接近阿姆河，不可能還在撒馬爾罕西北。但是今阿姆河北找不到讀音對應的地方，所以很可能就是沙赫里薩布茲（Shahr-isabz），sabz是波斯語綠色，音譯爲撒子。此地是帖木兒的家鄉，很早是重要城市，自然要標出。但是位置在高山之北，不是高山之南。雖然誤畫，但仍然是撒馬爾罕南部重鎮，所以在圖上的大路上。

　　明代〈絲路山水地圖〉高山和撒馬兒罕之間，竟有卜哈剌，無疑是著名古城布哈拉（Bukhara），耶律楚材《西遊錄》：「尋思干西六七百里，有蒲華城，土產更饒，城邑稍多。」

　　但是布哈拉在撒馬爾罕的正西，還要沿向西北流的河流才能到達，所以這幅圖把卜哈剌（布哈拉）畫在撒馬爾罕的正南，無疑是因爲長卷地圖無法表示放射的交通網，只好把不同方向的商路夾在一條路上。

　　卜哈剌（布哈拉）之東的速力迷納，林著認爲源自阿拉伯語Sulimani，不提原因和位置。我認爲速力迷納是《道里邦國志》的《通向石國、突厥的道路》記載布哈拉和撒馬爾罕之間的宰爾曼（Zarman），東到撒馬爾罕10法爾薩赫，今仍在撒馬爾罕西北。

　　撒馬兒罕城南的馬土力，林著引用巴托爾德考證，卽《巴布爾回憶錄》的Matarid，在今撒馬爾罕西南的Matrid。其南的把黑他帖，卽小巴格達Bagda-dek，帖木兒在都城撒馬爾罕周圍仿造了世界上的

一些名城，如蘇丹尼耶、設拉子、把黑他帖（小巴格達）、大馬士革、米昔爾（開羅）。圖上撒馬爾罕之北有失剌思，即帖木兒仿建的設拉子。其南有剌巴也力，也是一個客棧。應該是剌巴乜力的形誤，即乜力的客棧，剌巴是客棧。乜力，在今撒馬爾罕和布哈拉之間的馬立克（烏茲別克語Raboti Malik）。

在把力黑（巴爾赫）、鐵門關之間，還有一個地名是克力空。林著以爲是今庫爾干秋別（Kurgan-tyub），庫爾干是突厥語的土丘。我以爲不是，因爲庫爾干本來是地名通名，不能成爲專名。庫爾干和克力空的讀音也不能對應，庫爾干秋別是現代地名，古代叫哈拉維爾德。庫爾干秋別既遠離鐵門關到把力黑的大路，而且還在〈絲路山水地圖〉上方的那一條商路之東，所以不可能出現在下一條商路中。

我認爲，克力空雖然不在鐵門關到把力黑的路上，但不會太遠，應是鐵爾梅茲之西不遠的克利夫（Kelif），原來的翻譯可能是克力富，傳抄時把富訛寫爲空。克利夫在阿姆河沿岸，所以圖上畫出了一條大河，即阿姆河。

巴托爾德引用阿拉伯地理書說，古代從克利夫到鐵爾梅茲，有兩天路程。克利夫跨阿姆河兩岸，是一個很特殊的城市。從現代地圖可以看出，克利夫地處一個山峽，所以成爲渡口。現在北岸的地名叫Kelif，屬土庫曼斯坦。現在南岸的地名叫Keleft，屬阿富汗。

明代〈絲路山水地圖〉竟然不畫阿姆河岸上的最重要的城市鐵爾梅茲，這是一個嚴重失誤。因爲這裡有小島，所以成爲渡口。考古發現有希臘錢幣，這個城市很可能是希臘佔領時已經建立，經

常是阿姆河南北政權爭奪的地方，玄奘《大唐西域記》卷一稱爲呾蜜國。[5]

明代〈絲路山水地圖〉撒馬爾罕向西、向南的線路

5　[俄]巴托爾德著、張錫彤、張廣達譯：《蒙古入侵時期的突厥斯坦》，上海
　　古籍出版社，2007年，第89—91頁。

　　而且〈絲路山水地圖〉上鐵門關、克利夫、把力黑的南北位置被顛倒，撒子、高山的南北位置也被顛倒，說明這幅圖根據的西域地圖在這一段出現了重要失誤。這種失誤的原因現在不能確知，或許因為原圖這些地名沒有畫好，或許是拼接西域地圖時出現顛倒。

　　值得注意的是，在鐵爾梅茲西北有一個小村，現在叫Chinabad，不知是否與中國有關。這個小村在從撒馬兒罕去鐵爾梅茲的大路上，靠近阿姆河。如果這個地方源自中國人，也很正常，或許是歷史上中國移民後代所建。

三・塔吉克斯坦地名

　　明代〈絲路山水地圖〉過了蘇咱打班，進入今吉爾吉斯斯坦境內，圖上有兩條路。南面一條是大路，即上文考證的奧什到撒馬爾罕的路。北面還有較小的路，從火者忽兒通到巴哈剌。

　　這條路的整體位置，我們必須確認。林著對這條路上的地名，有的不考證位置，有的考證錯了，甚至把這條路和奧什去撒馬爾罕的路混為一談。

　　這條路的起點，其實是圖上方的可亦速，林著認為可亦速是突厥語的羚羊河Kiyik-su，位置不考。我認為此說不確，首先是讀音不合，kiyik不能譯成可亦，而且缺乏根據。

　　可亦速的北部，還有乞赤可剌巴、兀六可剌巴，還有大熱水泉、小熱水泉，林著已經指出，乞赤可是突厥語的小kichik，兀六可是突厥語的大ulugh，剌巴是阿拉伯語的客棧rabat，兩個地名正好相對，

即小客棧、大客棧。林著說熱水泉是熱海，即今伊塞克湖。我認為，伊塞克湖很大，而圖上畫的是泉水。而且伊塞克湖距離很遠，這條路也不是在費爾干納盆地的北部而是南部。

我們必須研究圖上的地名和地貌，確定這條路的位置。根據我的研究，圖上方的這條小路，其實是從帕米爾高原向西到塔吉克斯坦，再到阿姆河。也就是說，這條路和從費爾干納盆地到撒馬爾罕的那一條路，大體上平行，不過是南北顛倒。但是這幅圖上新疆的所有路線都是南北顛倒，所以到了中亞部分仍然南北顛倒也不奇怪。

我認為，熱水泉在今阿克陶縣西部的木吉鄉，柯爾克孜語的木吉是噴發，因為高原上有很多火山口，有溫泉。從這裡向西，進入塔吉克斯坦。圖上向西有火者忽兒、馬答剌撒、懶闊、哈剌歡、咱力沙、乞赤咱力沙、乞赤打力瓦思、阿必打力瓦思。這一段地名在圖上被蘇咱打班隔開，其實這是轉繪者的誤解。原來的西域地圖上，上方的這些地名應該連成一條線。

林著認為火者忽兒源自突厥語的和卓監史Khojakür，懶闊源自波斯語的客棧Lngr，馬答剌撒是伊斯蘭教經學院Madrasa，哈剌歡，〈西域土地人物圖〉是哈剌灰，是突厥語的黑湖Karakol。咱力沙可能源自突厥語的城堡Qarshi，乞赤是突厥語的小kichik，乞赤咱力沙是小城堡，乞赤打力瓦思是突厥語的小門Kichik-darwaza，阿必打力瓦思是突厥語的水門Abi-darwaza，〈西域土地人物圖〉是阿必打納思。

我認為咱力沙不可能對應Qarshi，因為咱的讀音是zan。灰也不

能對應湖泊kul，kul一般譯爲庫勒或庫爾。我認爲火者忽兒的忽兒的意思是湖，忽兒卽kul。這個湖是高原上的一個湖。在高原的最中心，人煙稀少，所以基本上沒有地名出現在地圖上。

馬答剌撒，很可能是莫爾加布河口魯商（Roshan）之東不遠的Padruz，讀音接近馬答剌撒，位置符合。其東是巴爾唐（Bartang），所以清代又稱莫爾加布河爲巴爾唐河。

懶闊，很可能是魯商之西的亞爾克（Yarkh），噴赤河在此一帶峽谷形成曲流和湖泊。

打力瓦思是達爾瓦茲地區（Darwaz），圖上的阿必打力瓦思、乞赤打力瓦思畫成山脈，完全符合。1878年，達爾瓦茲被布哈拉汗國吞併，今分屬塔吉克斯坦和阿富汗。噴赤河以北的達爾瓦茲，包括今達爾瓦茲、萬奇（Vanj）、達維爾達拉（Davildara）三個地區，中間是達爾瓦茲山。

達爾瓦茲的首府在卡拉伊洪布（Kalai-khum），清代譯爲喀喇和穆，我認爲就是圖上的哈剌歡，讀音非常接近。這個地名的意思是鍋爐要塞，傳說源自亞歷山大東征留下的鍋爐。[6]

向西北到阿拜卽力姐民，林著認爲姐民是波斯語的地區Zamin，而未解釋全名和今地。我認爲，姐民不是地區，否則不能成爲專名。阿拜卽力姐民卽今巴爾朱翁（Baldzhuvon），本應譯爲拜力卽姐民，傳抄有倒誤。因爲v和m都是唇音，讀音很近，所以von轉爲min。因爲阿拉伯語地名詞頭常常加一個al，所以開頭又多出一個阿

6　[蘇聯]瓦西里・弗拉基米羅維奇・巴托爾德著、張麗譯：《中亞歷史——巴托爾德文集第2卷第1冊第1部分》，第513頁。

字。

因爲從卡拉伊洪布到巴爾朱翁要經過重重高山，所以〈絲路山水地圖〉的阿拜卽力姐民畫在一個高山的山口，其實不止是一個高山的山口，而是很多高山的山口。巴爾朱翁地處五條小河彙聚處，所以成爲一個重要渡口。

阿拜力卽姐民（al Baldzhuvon）

從哈剌歡（卡拉伊洪布）到阿拜力卽姐民（巴爾朱翁），很可能是先向南，再向西北。阿必打力瓦思是今阿布打拉（Ab Darrah），乞赤（小）打力瓦思是相對卡拉伊洪布附近的大打力瓦思而言，可能是今克萬漢（Khwahan），這是南部達爾瓦茲的首府。

　　阿拜力卽姐民（巴爾朱翁）再往西的兩條河交匯處，是阿昔牙下，其西是兀六雨尊、撒力亦剌牙。林著說，兀六雨尊是突厥語的大河Ulugh-ozen，阿昔牙下是Ahsikti或Akshi，卽《新唐書》的西鞬國。

　　我認爲，費爾干納盆地距離太遠，所以阿昔牙下不可能在費爾干納。我認爲阿昔牙下很可能就是瓦赫什河上的石橋，阿拉伯語是Kantar al Hidjara，阿昔牙下卽al Hidjara，阿拉伯語的kantar是橋，hajar是石。圖上的阿昔牙下正是畫成橋的樣子，塔吉克語是普利桑金（Pul Sang）。[7]

　　如果兀六雨尊是指大河，則卽瓦赫什河，這是阿姆河上游最大的支流，可惜今天的石橋似乎已經淹沒在了努雷克（Nurek）水庫之中了。石橋之西，是瓦赫什河中游重要的城市瓦什吉爾德（Wāshgird），曾經是骨咄的都城。[8]

　　撒力亦剌牙，林著說是沙鹿海牙（Shahro-kia），在安格連河注入錫爾河處，原名巴納肯特（Banakit），帖木兒改用其子沙哈魯的名字命名。我認爲，撒力亦剌牙的讀音不能對應Shahro-kia。撒里很可能是突厥語的黃色sari，亦剌牙是溝穀yilga，在瓦赫什河通往杜桑貝的路上。

　　其西有罕都、亦思伯六和兩個咱力都，我認爲，咱力都就是Sart的音譯，蒙古語形式是sartaur，讀音接近咱力都。這個詞出自印度語，本來指商人。因爲蒙古人接觸到中亞的商人主要是伊朗人，所以轉而指伊朗人，有時也泛指穆斯林。帖木兒時代的薩爾特人，也被

7　[印度]巴布爾著、王治來譯：《巴布爾回憶錄》，第350頁。

8　[俄]巴托爾德著、張錫彤、張廣達譯：《蒙古入侵時期的突厥斯坦》，第85、837頁。

看成是塔吉克人的同義詞。因爲此時中亞的鄉村，特別是北部草原都是突厥人。而原先說伊朗語族語言的粟特人主要居住在城市，塔吉克人也說伊朗語族語言。〈絲路山水地圖〉有兩個咱力都，正是因爲這一段經過今塔吉克斯坦。

圖上東面的那個咱力都，很可能是今塔吉克斯坦的都城杜桑貝，古代稱爲數瞞（Shuman）。《世界境域志》說是一個堅固的城鎮，周圍有城牆，生產大量番紅花。[9]圖上西面的那個咱力都，更加繁榮，很可能是希薩爾。

子怕根，林著以爲是阿富汗西北的謝貝爾甘（Shibargan），我認爲距離太遠，絕不可能，而且謝貝爾甘是圖上的失巴力干。我認爲子怕根是《世界境域志》是Zinvar，在今迭腦（Denau）之北，[10]讀音接近。根是中亞地名詞尾表示城市的kent，源自粟特語。

失黑山，《西域土地人物略》說：「又西爲阿倫城（城東有失黑山河）。」失黑山河，應對應〈絲路山水地圖〉的失黑梳，梳是突厥語的水su，所以失黑梳就是失黑河。失黑山河卽蘇爾漢河（Surkhan），源自石漢那（Chaghaniyan），《世界境域志》說的石漢那城在今迭腦。[11]

圖上的失黑梳畫成一個大城，而失黑山畫成一個小城，或許有誤。圖上的失黑梳，應是石漢那（今迭腦）。圖上左側也卽南部的兩個小村鎮，其中一個很可能是薩爾曼以北6法爾薩赫的達爾增吉（Dārzanjī），人口繁多，居民以紡織業爲主，市場環繞大禮拜寺。

9　王治來譯：《世界境域志》，第110頁。

10　王治來譯：《世界境域志》，第110頁。

11　王治來譯：《世界境域志》，第109頁。

這裡除了蘇爾漢河，還有一條河，巴托爾德認爲在今庫姆庫爾干（Kumkurgon）。另有一村是布桑吉（Būsanj），在達爾增吉之北7法爾薩赫，在石漢那南5法爾薩赫。[12]

阿倫城，就是唐代的忽論城，原名是Akharun，又作Kharun。[13]《新唐書》卷四十三下《地理志七下》羈縻州隴右道西域：「天馬都督府，以解蘇國數瞞城置。領州二：洛那州，以忽論城置。束離州，以達利薄紇城置。」玄奘《大唐西域記》卷一稱忽論爲忽露摩國，稱數瞞爲愉漫國。數瞞城卽Shuman，在今杜桑貝。今杜桑貝東南有地名爲黑水（Kara Su），我認爲卽解蘇國由來。

忽論城在今蘇爾漢河上游，很可能是在今迭腦東北的Regar，[14]因爲讀音非常接近洛那Lak-na。此地卽今圖爾孫扎德（Tursunzade），是一個大城市。達利薄紇城，或在蘇爾漢河中游。束離州，應是源自粟特，玄奘稱爲窣利，馬迦特（J. Marquart）認爲源自中古波斯語的Sūlik，貝利（H. W. Bailey）認爲是斯坦因卷子（Ch.00209第78行）中的Sūlya。[15]

達利卽塔吉克語的河流darya，薄紇對應〈絲路山水地圖〉失黑山之西的城市巴哈剌，其實是在西南，〈絲路山水地圖〉把這條彎曲的線路畫成了直線。阿拉伯地理學家薩木阿尼和雅庫特

12　[俄]巴托爾德著、張錫彤、張廣達譯：《蒙古入侵時期的突厥斯坦》，第88、713頁。

13　[俄]巴托爾德著、張錫彤、張廣達譯：《蒙古入侵時期的突厥斯坦》，第89、689頁。

14　王治來譯：《世界境域志》，第110頁。

15　[唐]玄奘、辯機著、季羨林等校注：《大唐西域記校注》，中華書局，2000年，第73頁。

（Yākūt）說，鐵爾梅茲以北6法爾薩赫處有布格村（Bugh），[16]我認為就是薄紇。《世界境域志》說巴尚德（Basand）：「是一個有眾多居民的村鎮，位於布哈拉和撒馬爾罕的路上。」從這條的上下文來看，此地在今迭腦附近，即今拜孫（Baysun），不在布哈拉和撒馬爾罕之間。此處所說的布哈拉，很可能就是蘇爾漢河下游的布哈拉，也即〈絲路山水地圖〉的巴哈剌，是唐代的薄紇。

因為阿姆河上游的北岸支流中，唯有蘇爾漢河谷最為寬闊。瓦赫什河、卡菲爾尼甘河的河谷都很狹窄，所以商路從瓦赫什河谷轉到卡菲爾尼甘河谷，再轉到蘇爾漢河谷。

天馬都督府的範圍不到蘇爾漢河河口，因為河口屬於姑墨州都督府，《新唐書》說：「以怛沒國怛沒城置。」怛沒即今蘇爾漢河口的鐵爾梅茲（Termez），因為蘇爾漢河谷上有山丘阻隔，所以河口之地屬怛沒（Termez）。西南越河就是巴爾赫（Balkh），向東到巴達赫尚，西北到撒馬爾罕，和〈絲路山水地圖〉另外幾條線路銜接。

如果我們把〈絲路山水地圖〉上方的這條從達爾瓦茲到盼黑（巴爾赫）、俺都回（安德胡伊）的路線，和同樣在圖的上方，從盼黑（巴爾赫）到巴答山城（巴達赫尚）的路線連成一條大路線。

再把圖的下方從費爾干納盆地到把力黑（巴爾赫）再到俺的灰（安德胡伊）的路線，看成一條大路線。

就可以發現，這兩條路線都是從中國通往沙哈魯的都城黑樓（赫拉特），基本平行。這兩條路線，源自不同的資訊，所以翻譯不同，俺的灰就是俺都回，盼黑就是把力黑。

---

16 ［俄］巴托爾德著、張錫彤、張廣達譯：《蒙古入侵時期的突厥斯坦》，第88、708頁。

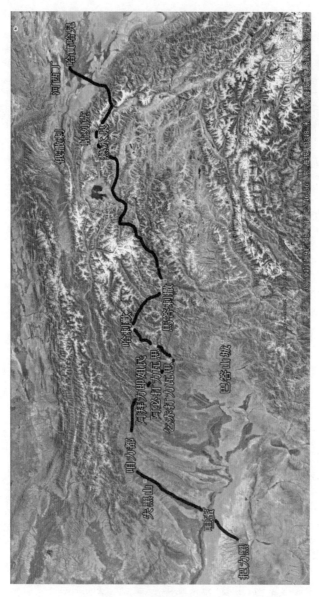

從喀什到中亞的帕米爾高原之路

　　永樂六年（1408年）七月：「遣內官把泰、李達等齎敕往諭八答黑商、葛忒郎、哈實哈兒等處，開通道路，凡遣使往來，行旅經商，一從所便。」我認爲，葛忒郎就是喀爾提錦（Katigen），在今塔吉克斯坦北部，葛忒郎最初可能譯爲葛忒艮，艮誤爲郎。這條路其實是從哈實哈兒（喀什）向西，到葛忒郎（喀爾提錦），再到八答黑商（巴達赫尙），原文敍述順序恰好相反。這條路恰好就是〈絲路山水地圖〉的南路，因爲這條路是在永樂時期很重要，而〈絲路山水地圖〉是在正統年間繪製，時間距離很近，屬於同一時代，所以〈絲路山水地圖〉特別繪出。

　　塔吉克斯坦地處高山，位置比較偏僻，但是在其西部平原戰亂的年代，商人更願意走這條路。這條路到西亞的直線距離比較近，帖木兒帝國衰落時，平原路線更容易受到烏茲別克人人侵擾。這條路上雖然有很多高山，但是夏季可以通過，玄奘回國時就是經過帕米爾高原，巴布爾也多次通過蘇爾漢河谷來往於費爾干納盆地和阿姆河上游。

　　明代還有一個歐洲人通過這條路從印度經阿富汗到中國，這就是葡萄牙人鄂本篤（Benedict Goës）。他原來是葡萄牙在印度的水兵，得到莫臥兒王朝皇帝阿克巴（Akbar）的賞識。1601年，受到耶穌會指示，刺探中國西北道路。次年（萬曆三十年），僞裝成亞美尼亞的穆斯林商人，從印度啓程。經過白沙瓦（Passur）、喀布爾（Cabul）、八魯灣（Paruan）、塔里寒（Talhan）、巴達赫尙（Badakshan），登上帕米爾高原，經過撒里庫勒（Sarcol），到葉爾羌（Yarkand，今莎車）、阿克蘇、叉力失（Cialis）、蒲昌（Pucian）、吐魯番（Turphan）、哈密（Camul）、嘉峪關、肅州，病死在肅州，未能到

北京。[17]

　　值得注意的是，鄂本篤在喀布爾遇到了喀什王的妹妹從麥加歸來，隨行有商隊，所以跟隨到喀什。說明這條路上有很多商人和朝覲者，雖然經過帕米爾高原，但不是人跡罕至。葉爾羌汗國的建立者賽義德汗從費爾干納進軍到喀什，又多次進攻巴達赫尚。[18]或許正是因為有很多朝覲者，所以這條路上的地名還有阿拉伯語特色，而且特別注重火者，畫出不少火者的古巴子（墓）。

　　鄂本篤說，從喀布爾來的商隊，到葉爾羌卽回，不直接到甘肅，很多商人再組織商隊到中國內地。這就解釋了明代〈絲路山水地圖〉這條岔路被畫在圖的上方邊緣，為前人忽視。因為這條路畢竟不是中原到中亞的主幹道，主要是聯結阿富汗和塔里木盆地。

四・阿富汗西北部地名

　　明代〈絲路山水地圖〉的阿富汗地名，從阿姆河南岸開始，第一個大城市是巴爾赫（Balkh），林著指出，〈絲路山水地圖〉上的把力黑就是巴爾赫，圖上的盼黑是今撒馬爾罕之東的片治肯特（Pyanjikent）。

　　我認為，林說不確，盼黑在圖的上方那條路，把力黑在圖的下方那條路，片治肯特在撒馬爾罕之東，而圖的上方那條路不經過撒馬爾罕之東。圖上的把力黑、盼黑都是巴爾赫，也就是說巴爾赫在圖上出現了兩次。因為圖上的交通線路從巴爾赫開始，分為兩個方

17　張星烺編注、朱傑勤校訂：《中西交通史料彙編》，第509—546頁。

18　魏良弢：《葉爾羌汗國史綱》，第56頁。

向，一個向西，通往伊朗，一個向東，通往巴答山城（巴達赫尚）。

我們現在看到的地圖，把東西不同的方向上下重疊，誤畫成南北方向：

1.從巴爾赫向西的內容，就是圖上的把力黑（巴爾赫）向左的部分。

2.從巴爾赫向東的內容，就是圖上的盼黑（巴爾赫）向右到巴答山城（巴達赫尚）的部分。

先看把力黑向西的部分，這個方向的後半段又分成南北兩條路。這個方向的前半段，也有錯誤。

把力黑在阿姆河之南，圖上畫在了河北。鐵門關在阿姆河之北，圖上畫在了河南。圖上的把力黑、鐵門關，應該對調。

把力黑、盼黑，卽耶律楚材《西遊錄》的斑、李志常《長春眞人西遊記》的班里、陳誠《西域行程記》的八剌黑，斑有脫字，班里是班黑之形誤。《西域番國志》：「八剌黑城，一名八里，在俺都淮之東北，城周圍十餘里，居平川，無險要，惟南山相近。田地寬廣，食物豐饒。西南諸番商旅聚此城中，故番貨俱多。哈烈沙哈魯遣其子守焉。」

圖上再往西，是失巴力干，林著因爲誤以爲盼黑在今撒馬爾罕之東的片治肯特，所以誤以爲失巴力干在片治肯特的東南。其實失巴力干是今阿富汗的希比爾甘（Shibergan），讀音吻合。

圖上的失巴力干向西，分出兩條路，一條路通往俺都回，一條路通往俺的灰，林著認爲俺都回、俺的灰是兩個地方，我認爲俺都

回、俺的灰就是一個地方，在這一帶找不到有兩個地名讀音都接近。原圖誤畫爲兩個地方，因爲原圖是由多種地圖拼合而成，所以一個地方誤爲兩個地方。

俺都回、俺的灰，都是希比爾甘西北的安德胡伊（Andkhvoy），這一帶僅有這一個地名的讀音可以對應。

但是這兩條路還是存在，因爲北面一條路在山北的平原，通往伊朗北部。而南面一條路，在山間的谷地，直通黑樓（赫拉特）。

北面的一條路，經過剌巴的克來，林著以爲剌巴的克來是阿拉伯語城市客棧Rabat-kereya，我以爲也有可能是波斯語大客棧Rabat-kelan，因爲從希比爾甘到安德胡伊之間，僅有村鎮。

向西，到買馬納，即今阿富汗法利亞布省的梅馬內（Maymana）。其西的海撒兒，是今梅馬內西南的開薩爾（Qeysar），在去莫爾加布的路上。林著雖然指出是《西域土地人物略》的喜撒兒，但是誤以爲在今杜桑貝附近，距離太遠，顯然不確。此地即陳誠《西域行程記》的海霥兒，前人或誤以爲在巴拉莫爾加布，[19]巴拉莫爾加布是卜力馬兒哈。

向西，到卜力馬兒哈，林著誤以爲卜力馬兒哈是Borimeragha，位置不考。我以爲，即今巴德吉斯省的巴拉莫爾加布（Bala Morghab），巴拉、卜力都是突厥語的城balik，但是因爲語序倒轉，用在詞頭。巴拉莫爾加布，在莫爾加布河向北流入平原的山麓，是重要城市。我認爲，即陳誠《西域行程記》海霥兒之西170里的跛看，讀音接近，位置符合。

19　[明]陳誠著、周連寬校注：《西域行程記》，第53頁。

南面一條路，經過赤戲里堵黑塔蘭。林著認爲是〈西域土地人物圖〉的赤戲目黑堵黑塔蘭，語源是Kichik-khoja-khuttalan，Kichik是波斯語的小，khoja是阿拉伯語的和卓，khuttalan才是地名，指阿姆河和瓦赫什河之間的骨咄Huttal。和卓是波斯語Khwaja，是富貴者，也指伊斯蘭教的聖裔或學者。

我以爲此說不確，首先是位置不合，Huttal在今塔吉克斯坦的西南部。其次是讀音不合，kichik不能對應赤戲。

其實，赤戲里堵黑塔蘭是今赫拉特東面的赫瓦賈奇什特（Khwadja Cisht），原名是黑者赤戲，塔蘭是地名通名。此地今名Chesht-e Sharif，在赫拉特省的最東部。

圖上從俺的灰城分出的一條路到黑者赤戲（Khwadja Cisht），其實也要經過買馬納（Maymana），從這裡向東南，翻過一道山，經過莫爾加布河的源頭，再翻過一道山，到古爾省的哈里河上游，經過恰格恰蘭（Chaghcharan）。再向西，順哈里河谷，到黑者赤戲（Khwadja Cisht）。這條路經過很多高山，很多地方是難走的小路。

圖上未畫出從買馬納（Maymana）到黑者赤戲（Khwadja Cisht）中間的地名，正是因爲這條路很難走，不經過主要城市，不是主要道路。

黑者赤戲（Khwadja Cisht）向西到馬力翱，林著已經指出馬力翱就是今赫拉特之南是馬林（Malin）。

圖上的馬力翱誤畫在赫拉特之東，說明〈絲路山水地圖〉這一段，確實錯誤很多。但是《西域土地人物略》說馬力城是黑樓城東北，有人認爲是馬雷（Mary），我認爲很可能不是，因爲《西域土地

人物略》的方位本來絕不可信。何況，馬力這個地名是接在赤戲黑
豬黑答蘭城兒之下，則接近黑者赤戲（Khwadja Cisht），很可能還是
指赫拉特南部的馬林（Malin）。

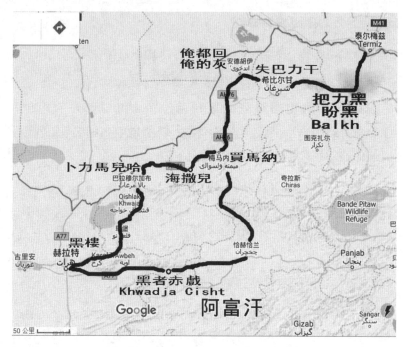

明代〈絲路山水地圖〉阿富汗西北部商路

五・阿富汗東北部地名

圖上從盼黑向右到巴答山城（巴達赫尚）的內容，在今阿富汗
的東北部。因為是另一條線路，所以畫的時候未能銜接好。

盼黑向東，是剌巴的，卽阿拉伯語的客棧Rabat的音譯，這是巴

爾赫之東的一個小客棧。

再向東，是把都沙忽，林著認爲是〈西域土地人物圖〉的巴巴沙忽，《元史‧西北地附錄》的巴補，耶律楚材《西遊錄》的八普，在今烏茲別克斯坦浩罕東北三十公里，即阿拉伯語Babshahri，指大門。我認爲此說不確，位置完全不合，此地在今巴爾赫之東。

我認爲，把都沙忽應是今馬扎里沙里夫（Mazar-e-Sharif），讀音接近。把都、馬扎里，或是源自波斯語的集市巴扎bazar，是詞頭的地名通名，沙忽音近沙里夫。

向東的台忽倫，是一個大城，應即今胡勒姆（Khulm），音譯爲忽論。

台忽倫向東有三個小地名：哈打六、剌巴的、卜力撒力，剌巴的是阿拉伯語的客棧Rabat。

向東的昆都思，顯然是今昆都士（Kondoz）。其東有火者古巴子，火者即聖人，古巴子是阿拉伯語Gumbaz，指拱形建築，也指陵墓上的拱形建築。圖上的火者古巴子，是聖人之墓。

再向東的台牙罕，顯然是今塔洛甘（Talagan）。台牙罕之東，有兩條河，河的中間有剌巴的火者哈非思，即哈非思和卓客棧。其東是古巴子火者馬黑麻撒力瓦思，即馬黑麻撒力瓦思和卓之墓。

再向東是剌巴的克老干，林著指出剌巴的是阿拉伯語客棧Rabat，但是不考位置，誤克老干爲克志干。

我認爲無疑是今卡拉夫甘（Kalafgan），正在在塔洛甘到巴達赫尙的路上，讀音也吻合。中間的兩條河，前一條是的汗納巴德

（Khanabad）河上游支流，後一條是卡拉夫甘。

再東的馬失下，林著認爲是伊朗的馬什哈德，此說大謬，此地在今阿富汗東北部，不可能在今伊朗。〈絲路山水地圖〉上的馬失下還不到撒子城，不可能突然跳到伊朗。

我認爲，應是下失馬之誤，卽今科斯姆（Keshm），在卡拉夫甘之東的要道，又是河谷中的大城，位置也符合。

再向東有剌巴的阿必納、剌巴的兀倫乩、剌巴的帖失兒干，是三個剌巴的，也卽客棧。

再向東，有打剌羽用，《世界境域志》的塔洛甘之前一條說：「在西基密什特之後，有一個小王國，名叫雍，幾乎都是丘陵和山地。其國王稱爲帕赫，他依仗骨咄的異密而取得力量。雍出產鹽。」[20]

西基密什特，是今塔洛甘西南的伊什卡米什（Ishkimish），已經在山地。雍國，或許就是〈絲路山水地圖〉的打剌羽用，打剌羽卽山口Dar-i，打剌羽用卽雍國的山口。但是距離伊什卡米什太遠。今法扎巴德東南有地名Darrah-I Jani，讀音接近。

玄奘《大唐西域記》說缽多創那國（巴達赫尙）之東二百里，是淫薄健國，卽Yamgan，在Jarm河上游。今有Jurm，讀音也接近雍、用。

不過此地已經在今法扎巴德的東部，而一般認爲巴答山城（巴達赫尙）在今法扎巴德，玄奘的《大唐西域記》也說缽多創那國在

20　王治來譯：《世界境域志》，第98頁。

西。或許是原圖有誤，或許是因爲雍（Jarm）人的分佈範圍很廣，是山地遊牧民族，所以圖上的打剌羽用是在今法扎巴德西南的另一個進入雍人之地的山口。

再向東，是阿爾昆、阿必把力、罕站、剌巴的扯帖兒、哈剌思盼、剌巴的納都，大約沿今天的噴赤河，一直到巴答山城（今法扎巴德）。

《西域土地人物略》的戶倫城，應是忽論，卽今胡勒姆（Khulm），克力干是克老干，卽今卡拉夫甘（Kalafgan）。把黑里、盼黑的，應該都是巴爾赫，盼黑的是盼的黑之倒誤。《西域土地人物略》先說昆都思，再說戶倫，忽然又跳回盼黑的、鐵門關，又跳回克力干，又跳回把黑里，又跳到俺的灰，方位錯亂不堪，足以證明《西域土地人物略》的方位確實絕不可信，不過是根據〈西域土地人物圖〉模糊位置而寫成。

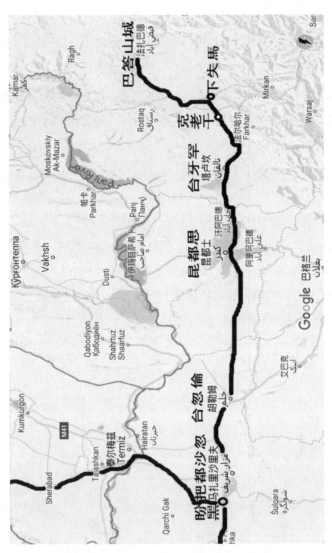

明代〈絲路山水地圖〉阿富汗東北部商路

第六章 伊朗到麥加、魯迷的商路

　　明代〈絲路山水地圖〉的黑樓 (今赫拉特) 以西，內容相對較少。前人研究這一段內容，雖然解釋出一些地名，但是還有錯誤，也未曾注意到圖上的地名其實是沿三條交通線分佈。我們必須根據交通線來考證，不能把兩條交通線並成一條，更不能脫離交通線考證。

　　圖上黑樓 (今赫拉特) 以西，有三條交通線：

　　1.南面一條路，大體上是從黑樓、牙思、哈山、思丹卜、阿速印、比吉剌思、塞的列、奄他革、卜兒思到天方 (今麥加)。

　　2.北面一條路，大體上是從圍子、失剌思西馬城、苦術、台白列思、撒葉兒、恰剌、的力迷失，到天方國。

　　3.還有一條岔路，夾在南北兩路的後半段之間，從北路分出，經過哈密、闊思，先和南路匯合，再和北路匯合。

　　圖上的伊拉克以西的三條路，是向西北到天方 (麥加)，但是實際方向不是。北面一條路先向西北，再向西南，再向東南到天方。中間的一條路先向西南，再向東南到天方。南面一條路向西到約旦，會合前面兩條路，再去天方。圖上的天方應該在西南，被誤畫在西北。

　　林著考證的線路，不僅把南北兩條路上的地名混爲一條路，致使這條線路彎了很大的圈，有的地方讀音也不合。

一‧伊朗到麥加南路地名

　　牙思，林著認爲是今伊斯法罕（Isfahan），我認爲此說不確，因爲讀音不合，伊斯法罕在《世界境域志》稱爲西帕罕。[1]牙思應是伊斯法罕和赫拉特之間的亞茲德（Yazd），讀音接近。亞茲德是薩珊王朝建造，據說源自第十二君主亞茲德格德一世（Yazdegerd I，399—420），亞茲德的本義是神。地處交通要道，馬可波羅曾路過此地。

　　牙思之西的阿魯古西馬，是一個沒有畫出城牆的地方，僅有名字，或許是今亞茲德西北的阿納拉克（Anarak），不在亞茲德去卡尚的路上，但是因爲原圖畫得比較靠近這條路，所以轉繪時標在這條路的旁邊。

　　牙思之西的哈山，確實是今卡尚（Kashan）。其西的思丹卜、阿速印，位置難考。

　　再西的比吉剌思，林說源自蒙古語公主領地bigi-ulus，不考證位置，我以爲不確。我認爲，很可能是今伊朗洛雷斯坦省東北部的博魯傑爾德（Borujerd），讀音接近，又在向西的路上。

　　再向前，過了一條大河，無疑是今伊拉克兩河之一，圖上僅有一條大河，大概因爲傳抄之誤，誤畫爲一條河。幼發拉底河、底格里斯河本來在有的地方比較靠近，而且中間有水道、湖泊相連。

　　再向西是奄他革，林著認爲是古老的城市名稱安條克，位置在

1　王治來譯：《世界境域志》，第140頁。

今巴格達，我認爲不僅讀音不合，位置也不合，因爲圖上的巴格達
其實在北路和中路的分開處，不在南路，而且古代的安條克城也不
在今巴格達，林著也說安條克在波斯灣邊，不在巴格達，可見自相
矛盾。

我認爲，奄他革可能是今伊朗西南胡齊斯坦省東北部的伊德
哈（Idhadj），讀音接近。《世界境域志》第三十章庫齊斯坦說：「伊
德哈，是一個擁有興旺鄉村的城鎮。此城繁榮秀麗，饒于財富，位
於一河岸上。出產大量錦緞，用來覆蓋麥加祭壇的錦緞也產於此
地。」[2]伊德哈在伊朗高原通往兩河的要道，正是在圖上的南路上，
位置符合。

比吉利思和掩他革之間的塞的列，即今舒什塔爾（Shushtar），
又名Tustar，Shutar的讀音接近塞的列，中間的s在翻譯時被省略了。

在南路之東南，還有一個地名卜兒思，林著認爲是十兒思之
誤，是《世界境域志》阿拉伯半島東南的沙爾加（Sharja），在穆珊達
姆角之西，屬於今阿聯酋，靠近今迪拜。

我認爲此說不確，卜是地圖上常見的翻譯用字，而十字罕見，
未必是錯字。而且阿聯酋遠離從伊拉克去麥加的道路，中間沒有其
他地名，不可能有個孤立的地名忽然跳到阿聯酋去。

我認爲，卜兒思就是兩河入海口的巴士拉（Basra），是重要海
港。卜兒思，讀音接近，或是卜思兒之誤。

南宋趙汝括《諸蕃志》卷上大食國稱爲弼斯羅，《世界境域
志》第三十三章說：「巴士拉，是一個大城，有十二個行政區，每區

2　王治來譯：《世界境域志》，第138頁。

的大小相當於一個鎮……據說巴士拉有十二萬四千條渠。」[3]

圖上的卜兒思在南路之南，而且在海邊，位置吻合，這個海岸，如果我們不認眞考證，肯定誤以爲是紅海，其實這一段是波斯灣，因爲這幅圖的阿拉伯半島太簡略，其實僅有一個地名天方（麥加），所以海岸線被簡化爲一條直線，波斯灣和紅海畫成一個海。

二·伊朗北路地名

北路的圍子，在大河之西，卽今捷詹河之西，在今伊朗東北部。圖上畫成一個土圍子，林著認爲是漢語義譯，位置難考。從下文來看，這個地方很可能是亦思他剌八城。

失剌思西馬城，是今伊朗西南的設拉子。我認爲，西馬城或是塞姆南（Semnan），讀音接近，古今都是伊朗北部要道上的重鎮。《世界境域志》說塞姆南：「是一個繁榮興旺的村鎮，該地出產的水果優於別處。」[4]

塞姆南的南部就是卡維爾鹽漠，人煙稀少，不是道路所經。鹽漠之南，就是圖上的南路。或許是因爲這幅〈絲路山水地圖〉根據的西域地圖，就把塞姆南誤畫在鹽漠南北兩條路上，所以在圖上的鹽漠之南，南路也有一個地名是阿魯骨西馬，而且這個阿魯骨西馬畫在一棵樹的旁邊，沒有城市。

上文說過，南北兩條路本來源自不同的地圖拼合而成，所以同一個地方出現了兩次，俺都回就是俺的灰。所以這幅圖上的西馬，

3　王治來譯：《世界境域志》，第152頁。

4　王治來譯：《世界境域志》，上海古籍出版社，2010年，第147頁。

很可能也在南北兩路出現了兩次。

其西的苦術，林著說是今伊斯法罕和大不里士之間的庫姆（Qom），我以爲如果是庫姆，則應標在中路，或許是原圖有誤。如果是苦術，則讀音也接近德黑蘭和大不里士之間的加茲溫（Qazvin）。

其西的台白列思，無疑是今大不里士。克拉維約說，帖木兒時代的大不里士有20多萬戶，有2萬多間房。[5]不過我們要注意，圖上的台白列思，是在北路再向北分出的岔路上，不是北路邊上，所以圖上是北路，我認爲是從加茲溫直接向西南，經過哈馬丹、克爾曼沙汗到巴格達。

因爲大不里士比較有名，所以圖上畫出一條岔路來表示。這種表現方式在古代遊記中非常流行，玄奘的《大唐西域記》就講述了很多他未曾到過的地方，往往在他經過的地方附近岔路上。因爲古人瞭解的地理知識非常有限，所以旅行家往往講述更多的地方，這不是吹噓，而是造福世人。馬可波羅的遊記，也講述了一些他沒有到過的地方。

再向西，分出一條岔路，通往撒葉兒。林著認爲撒葉兒是今伊拉克北部的辛牙爾（Sinyar），我認爲不確。因爲辛牙爾在今伊拉克的西北部，不靠近去麥加的路上。而且撒葉兒是在渡過兩河之前，不是在兩河的西北。

我認爲，撒葉兒或是今伊拉克蘇萊曼尼亞省的古城Shahr-i

5　[西班牙]克拉維約著、[土耳其]奧瑪·李查譯、楊兆鈞譯：《克拉維約東使記》，第86頁。

Zur，在大不里士去巴格達的大路上。

三‧伊拉克向西地名

　　圖上的中路和北路分出的地方，未標地名，我認爲就是巴格達。雖然圖上的這個點是底格里斯河的西岸，但是巴格達本身在底格里斯河邊。

　　哈密，林著認爲是沙密，也卽唐代杜環《經行記》的苫國，是今敍利亞的大馬士革。我以爲此說不確，首先是哈改爲沙，沒有證據。其次是大馬士革不在圖上的中路。

　　圖上的闊思，在南路和中路匯合之後的路上，林著釋爲《世界境域志》第三十三章伊拉克的庫塞‧拉巴（Kuthay-Rabba）。讀音吻合，前人指出，此地在聯結兩河的運河上，位置不明。[6]但是我以爲，庫塞‧拉巴（Kuthay-Rabba）的上一條胡爾萬（Hulwan）在今巴格達東北，則此地應在附近。不僅位置不合，而且闊思的讀音似乎不近Kuthay。

　　網友Mansour認爲：闊思的《廣韻》擬音作kʰuɑt sĭə，《中原音韻》擬音作kʰuɔ sɿ，很可能是與阿拉伯語al-Quds的對音，意爲聖地，是阿拉伯人對耶路撒冷的稱呼。恰剌的《廣韻》擬音作kʰɐp lɑt，《中原音韻》擬音作kʰia la，接近阿拉伯語Ḥalab，卽今敍利亞西北部的著名古城阿勒頗。《新唐書》稱阿勒頗爲夏臘，《廣韻》擬音作ɣa lap，與阿拉伯語Ḥalab吻合。阿勒頗的本名Ḥalab，阿拉伯語意爲乳汁，源自及物動詞ḥalaba，意爲以乳汁哺育。哈密的《廣韻》

6　王治來譯：《世界境域志》，第154頁。

擬音作ŋɒp mĭĕt，《中原音韻》擬音作ha mui，應是阿勒頗以南的霍姆斯（Ḥimṣ）或哈馬（Ḥamāh），都是著名古城。哈密也可能是沙密之訛，沙密是阿拉伯語al-Shām的對音，表示黎凡特地區，也是大馬士革的俗稱。掩他革的《廣韻》擬音作ʔiɛm tʰɑ kæk，《中原音韻》擬音作iɛm tʰɔ kiai，讀音接近土耳其東南部的著名古城安塔基亞Anṭākiyyah，即希臘語安條克（Antióchia）的阿拉伯語音譯，今名哈塔伊（Antakya）。卜兒思可能是阿拉伯語Ṭarābulus的對音，即今黎巴嫩西海岸的著名城市特里波利（Tripoli），也可能是今土耳其西北部的布爾薩（Bursa），曾是奧斯曼土耳其的首都[7]。

我認為，如果闊思是今耶路撒冷，恰剌是今阿勒頗，的力迷失是的迷失力之誤，即今約旦的首都大馬士革（Dimashq），則圖上最上面的一條路應該是從巴格達，向西北到阿勒頗，再轉而向南，經過大馬士革到天方（麥加）。

圖上的中間一條路，經過哈密到耶路撒冷，既然在圖上的迷失力（大馬士革）南部，哈密就不可能是大馬士革北部的哈馬或霍姆斯，而應該是今約旦的首都安曼（Amman），讀音接近哈密。從巴格達向西到耶路撒冷的這條路很重要，必經安曼，所以安曼成為約旦的首都。

從安曼向南，有路直通到天方（麥加）。又有向西的岔路到耶路撒冷，所以圖上有岔路闊思（耶路撒冷）。又有岔路從安曼的東南通往阿拉伯沙漠，因為這條路的東南又有岔路，圖上未標出這條岔路到達的城市地名，無法考證，所以我在示意圖未畫出安曼東南的

7　Mansour：《〈絲路山水地圖〉地名考證》，網址：https://zhuanlan.zhihu.com/p/33843633。

這條岔路。也許從哈密（安曼）到天方（麥加）的路是沿海而行，而哈密東南的岔路是通往麥地那。

　　掩他革、卜兒思還在闊思的東南，不可能是大馬士革西北部的哈塔伊、特里波利或布爾薩。卜兒思最可能是巴士拉，圖上最下面的一條路，是從伊拉克南部到哈密（安曼）東南的路，有岔路通往卜兒思（巴士拉），但是從伊朗到約旦的大路應該經過巴士拉，所以我在示意圖上的道路經過巴士拉。從掩他革向東南還有一個城市，未標地名，應該是今伊朗境內的海岸城市。

　　明代〈絲路山水地圖〉之上，再向西到戎地面，畫成海面。但是從約旦、黎巴嫩或伊朗等地到土耳其應該是走陸路，所以應該是原圖缺失了不少地名。可能宮廷畫師看到的西域地圖上就缺失了這些地名，也可能是明代〈絲路山水地圖〉流傳過程中的缺失。幸而這段地名保留在了〈西域土地人物圖〉之中，我將在下一章補充考證。

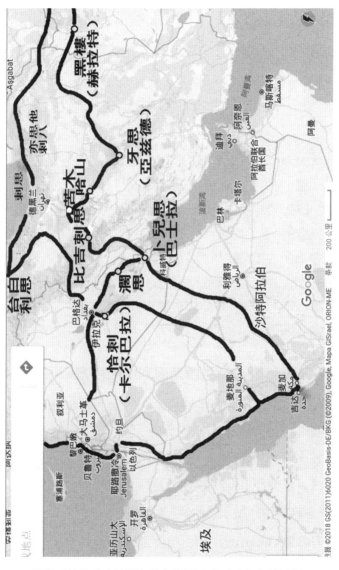

明代〈絲路山水地圖〉的伊朗到天方（麥加）線路圖

第七章　〈西域土地人物圖〉西方地名

　　上文說過〈西域土地人物圖〉先繪出，但是各地之間的方位關係很模糊，而後才有人根據這幅圖寫出《西域土地人物略》，所以《西域土地人物略》的方位描述絕不可信。或許《西域土地人物略》的作者還參考了其他資料，可能包括聽西域商人所說的資訊，但是錯誤太多，以致於我們不敢輕信。《西域土地人物略》在甘肅、新疆等地的描述比較可靠，越往西越不可信，到了費爾干納盆地就大錯特錯。甘肅西北部和新疆東部的地名，上文已有考證，本章考證新疆西南部以西的地名。

一‧新疆西南部到中亞地名

　　《西域土地人物略》說西牙河城：「城北有雙山關，有阿思馬力城，西北有迆西闊海子。西牙河西三百里，爲阿黑馬力城。」

　　上文已經考證，雙山關在今拜城縣東北，其北的阿思馬力城，應該是阿里馬力城，思是里字的形訛。阿里馬力就是阿力麻里，是察合台汗國始封地，是元代新疆的政治中心。

　　阿力麻里Almalik是蘋果，耶律楚材《西遊錄》：「不剌南有陰山，東西千里，南北二百里。山頂有池，周圍七八十里。池南地皆林檎，樹陰蓊鬱，不露日色。出陰山，有阿里馬城。西人目林檎曰阿里

馬，附郭皆林檎園，故以名。附庸城邑八九。多葡萄、梨果。播種五穀，一如中原。」不剌即今博樂，其南的山頂大湖是賽里木湖，西南到阿力麻里，在今霍城縣西北。伊犁是新疆水汽最足之地，所以多樹林。李志常《長春真人西遊記》：「土人呼果為阿里馬，蓋多果實，以是名其城。」劉郁《西使記》：「出關至阿里麻里城，市井皆流水交貫，有諸果，惟瓜、蒲萄、石榴最佳。回紇與漢民雜居，其俗漸染，頗似中國。」《元史・西北地附錄》、〈經世大典圖〉作阿里麻里，陳誠《西域行程記》記載他經過阿力馬力口子，即伊黎河穀。

迤西闊海子即伊塞克湖，突厥語Islgh Kül是熱海。玄奘《大唐西域記》卷一說大清池：「或名熱海，又謂鹹海。」

《西域土地人物略》說：「又西三百里為我撒剌（其西南為討墩巴失，西北為賽藍城）。又西五百里，為土剌城（其城形圓，四外屋羅之，中有王子一人住⋯⋯）。又西七百里，為牙思城⋯⋯牙思西四百里，為也失卜（其南有巴速兒，有打下你、俺的速，北有他失干城）。也失卜西三百里，為亦爾乞咱打班（其南有大熱水泉，黑冰泉，有亦可速巴，北有黑石城，有賽藍城）。又西二百里，為亦乞咱打班，又西為把力干城（城南為哈剌界，為阿必打納思、乞亦咱撒剌思、咱力沙、亦乞咱力）。」

土剌，〈絲路山水地圖〉不畫，其實是塔拉斯（Talas），唐代的怛羅斯。這是中亞要地，所以圖上畫成一個很大的城市。耶律楚材《西遊錄》稱為塔剌思，劉郁《西使記》稱為塔剌寺。

也失卜即今希姆肯特（Shymkent）之東的古城賽藍，即玄奘《大唐西域記》白水城，阿拉伯語稱伊斯比加布（Isbijab），即白水。

這兩個地方根本不在我撒剌（吾合沙魯）、亦爾乞咱打班（伊爾克什坦山口）之間，說明《西域土地人物略》的方位絕不可信。圖上畫出塔拉斯和白水城，是因爲從新疆向西北有商路通往塔拉斯，被《西域土地人物略》的作者誤解。賽藍城本來就是白水城，但是不僅出現了兩次賽藍城，位置也都不合，根本不是在我撒剌（吾合沙魯）、亦爾乞咱打班（伊爾克什坦山口）的西北，而是距離很遠，中間還有很多城市。

《西域土地人物略》：「西牙河西三百里，爲阿黑馬力城，城西南百里，爲土力苦扯城（其城東至擺城四十里）。土力苦扯西北百里，爲阿速城（三城相連周環山水）。阿速西二百里，爲阿亦地里城（城北有也列河，南有阿丹城，西有泉）。又西百里，爲克力賓城（城南有二回回墓及黑玉河，北有石店子）。又西百里爲乾泉。又西百里，至大井（井南有三築城）。大井西二百里，爲比長店子（其南有乾羊城兒，北有石城兒）。又西二百里，爲土台泉（其地土臺上有二泉，故名。其南有恰木石干城）。泉西三百里，爲桐河（其南爲牙力干城，北又有石城）。又西五十里，爲石子泉（泉西爲把立站，南爲店子井，北爲養泥城兒，其城東至石城行八程）。」

阿黑馬力，或是阿里馬力之誤，或是另一個蘋果城。克力賓城，卽今柯坪縣。黑玉河是和田河，其實和田河不經柯坪，這是讀圖錯誤。這一條路上還有很多小地名，不能一一考出。

二 · 撒馬爾罕向南地名

《西域土地人物略》說：「又西五百里爲失剌思城（有纏頭回回，種田），又西三百里爲高山（其南有山，北有馬土力，西北有撒子

城兒。撒子城西北，爲把黑打帖)，又西爲把答山城(出青金石，其
南爲西河城，北爲阿沙巴力)。又西一千五百里爲怯迷城(有王子，
外邊住有四族番漢，出金子、金剛鑽，其南有牙兒打兒，有阿巴的納
都)，又西爲新旦城(有纏頭回回，種田，出各樣果品。其南有巴答
力山城，有回回，種田。有阿力伯城，有回回，出金子、寶物)。又西
四百里爲孛思旦城(有回回，種田，養蠶，出各樣果品，其南爲阿力
阿伯城，中有回回。爲俺的灰城，中有纏頭回回，出五穀，又爲黑者
沙平城兒)。」

在〈西域土地人物圖〉上，不畫失剌思城，但是帖木兒曾經在
撒馬爾罕周圍仿建世界各地的名城，從下文的把黑打帖(巴格達)
來看，這個失剌思很可能是仿建伊朗的設拉子(Shiraz)，則不在撒
馬爾罕外五百里。前人不知《西域土地人物略》是根據〈西域土
地人物圖〉寫出，方位和距離不可信，所以誤以爲是今薩拉赫斯，其實
薩拉赫斯讀音也不符合。

下文說再西爲把答山城，其實巴達赫尙在東南，證明《西域土
地人物略》所說的方位絕不可信。

怯迷城，是今喀什米爾，〈經世大典圖〉爲怯失迷耳，簡稱爲
怯迷。喀什米爾出產藍寶石，喀什米爾又在巴達赫尙東南，所以圖
上本來畫的是另一條路線，不是向西的路線。其南的牙兒打兒，即
印度(India)。

新旦城，也有可能是印度河邊的信德(Sindh)，比錫斯坦
(Sistan)讀音更接近。巴答力山城，可能是巴力山城之誤，應是巴
厘思(Balish)，《世界境域志》說巴厘思：「是沙漠中的一個地區，

這是一個有大量莊稼的地方，但宜人之處很少。該地有些城鎮，如
S.F.Njai、庫什克（Kushk）、錫比（Sivi）。」[1]在今巴基斯坦俾路支省。
阿力伯城，很可能阿里伯克的音譯。

　　孛思旦城，不是今伊朗的巴斯塔姆，而是〈經世大典圖〉的不
思忒，畫在巴里黑（巴爾赫）之南，在何不里（喀布爾）的西南，即布
斯特（Bust），《世界境域志》說：「是一個大城，有一道堅固的牆，
位於赫爾曼德河的河岸，並有很多區。它是通往印度的門戶和商人
們常去的一個地方。其居民勇敢好戰。其地出產水果，製成果乾，運
往其他地方，還生產棉織品和肥皂。」[2]孛思旦城，養蠶，出各樣果
品，記載符合。

　　俺的灰城，即〈絲路山水地圖〉的俺都淮、俺的灰。黑者沙平
城兒，在安都胡伊和戈爾甘之間。

　　盼的干城，《西域土地人物略》說在亦思他剌八城之南，其實
是在其東部，不過是地圖畫得不精確，讀圖的人誤以爲在東南。此
地是今伊朗、阿富汗、土庫曼斯坦交界處的Bagdhis，或是其西部的
Buzgan，在今托兒巴特賈姆（Torbat-e Jām）。

三・伊朗地名

《西域土地人物略》說：

　　孛思旦西五百里，為亦思他剌八城（……其南為盼的干城……
　　又為巴巴沙蔥城，又為戶倫城……又為剌巴的咱兒答，及剌

1　　王治來譯：《世界境域志》，第103頁。
2　　王治來譯：《世界境域志》，第102頁。

叭的迷城兒、剌巴的打爾斤）。亦思他剌八城，西六百里為失
剌思城（……又西行五日，至亦思城……其南為剌巴的納都、
打剌木用城、馬失卜城、剌巴的扯帖兒、瀼都兒城、剌巴的米
納牙，其西北俱大川，路行十餘日）。又西八百里，為鎮力旦城
（……其南為苦蘭城……其北為亦的城）。鎮力旦城西，為阿
郎民城……又西為帖乩列思城（……東至阿力旦城，行六日。
其東南為頗力城兒，其東北為紐札城兒）。

亦思他剌八城即阿斯塔拉巴德（Astarabadh），在今戈爾甘
（Gorgan）。戶倫等地，其實不是在亦思他剌八城的南部，圖上誤畫
在南部，其實是在西部的裏海南岸。戶倫就是《世界境域志》的阿
爾胡姆（Al Hum），al是阿拉伯語的地名詞頭，即戶倫，今為阿哈拉
姆（Ahlam），是馬赫穆達巴德的西南的一個小城。

〈西域土地人物圖〉的亦思城是一個很大的城市，應是今亞茲
德。則其東南部的失剌思城，很可能是今設拉子（Shiraz）。《西域
土地人物略》說失剌思在亦思他剌八城之西，再西到鎮力旦（蘇丹
尼耶），其實設拉子根本不在戈爾甘到蘇丹尼耶的路上，完全是讀
圖時的誤解。

從裏海南岸的路向西，到阿郎民城，即阿爾達比勒（Ardabil），
再西是帖乩列思（Tabriz）。其西南的也爾的，是今伊拉克東北部的
埃爾比勒（Arbil），的是乩之誤。

庫蘭，是一個很大的城市，或是庫姆（Qom），東是母之誤。其
右側的瀼都思，是庫姆東南的納坦茲（Natanz）。

〈西域土地人物圖〉上，伊朗南部有剌巴的打爾斤、剌巴的咱

兒答、剌叭的迷城、阿巴的納都、剌巴的扯帖兒、剌巴的米納牙。剌
巴的是旅館,其中有一些地名或是城市的名字。

打爾斤是今達爾津(Darzin),在克爾曼東南,《世界境域志》
說:「繁榮而秀麗,此地出產樟屬植物。」[3]其東靠近俾路支,銜接上
文。咱兒答可能是克爾曼西北的札蘭德(Zarand),讀音接近。

四・伊朗到天方地名

明代〈絲路山水地圖〉雖然沒畫巴格達,但是〈西域土地人物
圖〉畫出了把黑旦城,卽巴格達,《西域土地人物略》說:「其城引
水七派,灌其中,有回回二千家。」這是作者說的最大城市,圖上確
實畫出很多河流流過巴格達。

把黑旦(巴格達)右側的苦思旦,卽伊朗西南的胡齊斯坦
(Khuzistan),其西過了三條河才到把黑旦(巴格達),因爲底格里
斯河東部還有很多河流。其中有兩條河之間,有沙家城,可能是蘇克
・阿勒・阿爾巴阿(Suq Al-Arbaa),沙家是簡譯,在阿瓦士(Ahwaz)
西南。

兩河入海口處的欠土城,或許是巴士城之形誤,指巴士拉
(Basra),或許是另一個地名。

五・天方到魯迷地名

現存明代〈絲路山水地圖〉上沒有畫出從天方到戎(今伊斯
坦布爾)的具體路線,僅是示意性地標出大海對岸的戎。但是明代

3　王治來譯:《世界境域志》,第129頁。

〈西域土地人物圖〉畫出從天方到魯迷（今伊斯坦布爾）的路線，《西域土地人物略》也有詳細描述，我們應該把這一段補充完整。

前人已有考證，迷乩力，林著認爲埃及的阿拉伯語名密徐籬（Misr），劉迎勝和廉亞明先生認爲牙瞞是亞美尼亞（Armenia），林著認爲是約旦的安曼（Amman）。文谷魯，堀直認爲是安卡拉（Ankara），林著認爲安各魯才是安卡拉，應是馬格里布（Maghrib）。阿都民，林著認爲是帕爾米拉（Plmyra）的古名Al-Tadmor。也勤朶思，林著認爲是他勒朶思之誤，是今敍利亞的塔爾圖斯（Tartus）。撒黑四塞，林著認爲是沙哈魯。哈利迷，堀直認爲是阿勒頗（Halab），林著認爲是阿勒頗之西的哈里木（Harim）。林著認爲，阿的納是土耳其東南的阿達納（Adana），菲郎是羅馬，中國人又譯爲拂菻、拂懍、佛臨、富浪、佛朗、佛郎等，可台是屈塔希亞（Kutahya），孛羅撒是布爾薩（Bursa）。

我認爲，迷乩力，應從《陝西四鎮圖說·西域圖略》和臺北故宮藏〈西域土地人物圖〉，作迷的力，卽約旦南部的古城佩特拉（Petra），讀音接近。佩特拉位於死海、紅海、中海、阿拉伯沙漠之間，是交通樞紐。地名源自希臘文的岩石，從西元前6世紀開始成爲納巴特人的城市，開鑿在山崖之上，前有峽谷，易守難攻。前4到2世紀是納巴特王國都城，106年被羅馬攻佔，成爲羅馬東部的一個著名城市和省會。363年、551年被兩次大地震摧殘，663年被阿拉伯人攻佔，城市荒廢。1812年，瑞士旅行家約翰·路德維格·貝克哈特（Johann Ludwig Burckhardt）重新發現這個古城。

明代〈絲路山水地圖〉上的迷的力，畫在一個山崖之前，而且畫出了關門，或許是佩特拉峽谷的山口，或許就是佩特拉古城建在

崖洞中的寫照。

牙瞞，我認爲確實是今約旦的首都安曼，這是非常重要的城市，正是在佩特拉之北。

文谷魯，我認爲確實不是下文的安各魯（今安卡拉），但也不是北非的馬格里布（Maghrib），因爲距離太遠。《西域土地人物略》說：「出珊瑚樹、眼鏡石，上有七樣花草，城東有河，舟楫以渡。」〈西域土地人物圖〉在其東部畫出兩條大河，東部的一條河，其南北各有一個湖，無疑是約旦河，兩個湖是死海、太巴列湖。則文谷魯很可能是耶路撒冷，因爲圖上的文谷魯是一個很大的城市，還有高聳的塔樓。阿拉伯人稱耶路撒冷爲Al Quds，讀音接近文谷魯。因爲靠近大海，所以有珊瑚。

但是從讀音來看，讀音更接近文谷魯是古代的重要海港阿卡（Akko），因爲此地又名Acre，非常接近文谷魯。阿卡在5000多年前已經形成聚落，曾經被希臘、波斯、羅馬佔領，636年被阿拉伯人佔領，1104到1187年被十字軍佔領。1187-1189年，埃及阿尤布王朝的建立者薩拉丁·本·阿尤布，攻佔十字軍建立的各王國。1189年，歐洲各國發動第三次十字軍東征，首先收復阿卡，阿卡成爲十字軍在中東最重要的基地。[4]1291年被埃及的馬木魯克王朝佔領，1517年被奧斯曼帝國佔領。雖然阿卡是海港，不靠近約旦河，但是文谷魯的定位仍應首選阿卡。因爲《西域土地人物略》說在河西岸，是作者對〈西域土地人物圖〉的誤解。阿卡是重要海港，所以出現在商人畫的地圖上。

4　[美]菲力浦·希提著、馬堅譯：《阿拉伯通史》，新世界出版社，2008年，第589—594頁。

阿都民城，我認爲是今黎巴嫩的達莫爾（AL Damour），在貝魯特南24千米的海邊，曾經是歷史上重要城市，做過山地黎巴嫩省的省會長達300年，所以〈西域土地人物圖〉上的阿都民城是一個很大的城市。也勤朵思，確實是他勒朵思之誤，是今敘利亞的塔爾圖斯（Tartus）。

撒黑四塞，不可能是沙哈魯，我認爲應是今土耳其東南部哈塔伊省的海港薩曼達（Samandag），原名Seleucia in Pieria，又稱海邊的塞留西亞城，是馬其頓人移用家鄉一個風景類似的地方Pieria命名。亞歷山大大帝死後，帝國分裂，將軍塞留西亞建立塞留西亞帝國，都城在安條克，外港就是這個塞留西亞城。撒黑四塞，我認爲是撒里留塞之誤，撒里留塞是Seleucia的音譯。留的上半部分訛爲四點，誤和上文的里連成了黑字，留字下半部分田，訛爲四。

這個城市非常重要，因爲多山，所以出木材和藥材。正是在去阿達納的路上，阿達納是土耳其的第四大城市。

阿都民、阿的納、撒里留塞也在海邊，但是〈西域土地人物圖〉唯獨在也勒朵思城（Tartus）周圍畫出一圈水，導致《西域土地人物略》說：「周圍有水。」我認爲這一圈水本來是原圖畫出的地中海的輪廓，因爲也勒朵思城（Tartus）恰好在阿都民、阿的納、撒里留塞之間，所以原圖的地中海輪廓畫在其旁邊，但是轉繪者不明這一圈地中海輪廓的含義，誤以爲是一條河，於是改繪在城的四周，可謂畫蛇添足。

哈利迷，很可能確實是阿勒頗，這是敘利亞北部最重要的城市，雖然不在撒里留塞（塞留西亞）到阿的納（阿達納）的路上，但

是〈西域土地人物圖〉本來是標在旁邊，因爲經過轉繪，寫作《西域土地人物略》的人又誤以爲是從撒里留塞到阿的納的必經之地。因爲在內陸，畜牧業很重要，所以《西域土地人物略》說養了很多羊和馬。

菲郎，確實源自羅馬（Rom），轉爲From，所以中國人譯爲拂菻、佛郎等。但是前人未指出圖上的菲郎是哪一個城市。

我認爲，圖上的菲郎其實是今土耳其的科尼亞（Konya），因爲科尼亞從1077—1308年是塞爾柱羅姆（Rum）蘇丹國的都城，後成爲土耳其人小公國卡拉曼尼德（Karamanid）的都城。1420年爲奧斯曼帝國佔領，仍然是重要中心，由蘇丹的兒子管理，一直是省會。1923年安卡拉成爲首都之前之前，在土耳其中部的地位比安卡拉還要高。因爲此地是羅姆蘇丹國都，所以也稱爲菲郎，也卽羅馬，位置也在阿達納和安卡拉之間。

所以《西域土地人物略》說菲郎：「其城一重，有王子。」指的是蘇丹的兒子管理，而且有高大的城牆。〈西域土地人物圖〉把菲郎畫在了一條河的西面，河的南部還有一個大湖，或許是指土耳其中部最大的圖茲湖。科尼亞其實是在圖茲湖的西南，但是原圖畫得不精確，又經過轉繪，大體上還是畫在了湖的西部，錯誤不大。

安卡拉在安卡拉河的源頭處，其東越過山口，通往克孜勒河，所以〈西域土地人物圖〉畫在山口處。安卡拉是有三千年歷史的古城，最早是赫梯王國的城市，也是羅馬帝國的加拉提亞省的省會。

安卡拉最古老的城堡，在一個陡峭的山丘上，頂部有塞爾柱城堡，西、南是高大的城牆，東、北有天然深谷，現在是希薩爾（Hisar）

公園。這個古城東、北是山丘，西、南平緩。《西域土地人物略》說：
「城西距山，山上有巡檢司。」之所以說西面是山，其實是因爲《西域土地人物略》的作者是看圖寫出，而〈西域土地人物圖〉把一列山畫在了安卡拉的東側，其實安卡拉是在分水嶺的西側，古城也是小山的西側。

安卡拉在明代非常重要，因爲1402年，帖木兒和奧斯曼帝國在此決戰，雙方兵力共計至少50萬，這在當時的西亞是最大的戰爭，帖木兒俘虜了奧斯曼帝國的蘇丹巴耶濟德一世，這是一場令時人銘記的大戰，所以明代西域人畫的地圖上畫出了安卡拉的城堡。

布爾薩是土耳其第五大城市，是瑪律馬拉海周邊的第二大城市，傳統稱爲綠色的布爾薩，地處高山腳下，夏季的高山融雪保證了充足的水源。[5]因此〈西域土地人物圖〉在其南北河上畫出了水磨，《西域土地人物略》誤以爲這些水磨在可台城（屈塔希亞）之西，這是因爲作者看圖寫出，所以出錯。屈塔希亞古代是一個農業城市，《西域土地人物略》說出產綿花和夏布。《西域土地人物略》說布爾薩：「又西有海，中有舡，載千人。」指的是瑪律馬拉海，布爾薩是奧斯曼土耳其崛起過程中最重要的地方，1326年到1363年是第二個都城，但是奧斯曼人攻克的第一個大城市。奧斯曼人在此從一個遊牧國家轉變爲城邦國家，發展出常備軍和行政系統。奧斯曼土耳其人利用優越的海口位置，東征西討，最終建立了地跨三大洲的大帝國。布爾薩是絲織業中心，爲皇家生產長衫、枕巾、刺繡等，還從東方進口大量生絲，可謂是絲綢之路上的重要城市。

5　[英]杜德內著、北京大學地質地理系經濟地理專業譯：《土耳其地理》，北京：商務印書館，1975年，第139、158、166、170頁。

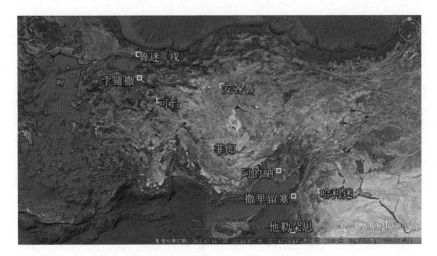

明代〈西域土地人物圖〉在今土耳其境內的地名

　　值得注意的是，〈西域土地人物圖〉的阿拉伯到土耳其商路
是經過地中海東岸到土耳其的東南部，不經過土耳其的東部。在
帖木兒時代，土耳其東部是商路要衝，根據西班牙使者克拉維約
（Klaviyo）記載，帖木兒攻打埃爾津詹的導火線是埃爾津詹的穆斯
林與基督徒的爭鬥，帖木兒佔領此地，掌控了敘利亞去土耳其的商
路，由此引發了奧斯曼帝國和帖木兒的大戰。[6]〈西域土地人物圖〉
的商路走地中海東岸，說明這幅圖很可能是在1516年（正德十一
年）奧斯曼帝國佔據敘利亞之後繪製，而這幅圖很可能正是在嘉靖
初年繪出。

6　[西班牙]克拉維約著、[土耳其]奧瑪‧李查譯、楊兆鈞譯：《克拉維約東使
　　記》，第70—71頁。

第八章 〈絲路山水地圖〉在地圖史上的價值

　　中國典籍最早對地中海區域的詳細記載是西晉陳壽《三國志》裴松之註所引魚豢《魏略・西戎傳》，此後北齊的魏收《魏書・西域傳》大秦國（羅馬）部分有地中海的簡略敘述，我已有詳細考證[1]。唐宋典籍都不見地中海區域的記載，明代《絲路山水地圖》、《西域土地人物圖》雖然也畫出了地中海的東部，但是都未涉及意大利及其以西地區，還不及漢魏南北朝時期。反映了明代東方人的西歐知識退化，明代人不知西歐已經發生的文藝復興和地理大發現已經開始改變人類歷史進程，這是絕大的遺憾。

　　明代〈絲路山水地圖〉是中國地圖發展史上有重要地位，因為宋代中國地圖上的西北地理知識出現嚴重衰退，此時的西夏地圖未能流傳下來，突厥人繪製的中國西北地圖則太過簡略。

　　元代中國地圖上的西北地理知識雖然更新，但是很多地方仍然非常簡略，域外部分則抄錄阿拉伯人地圖，地名雖然很多，但是看不出交通路線。

　　如果我們對比宋元中國地圖上的西北部分，就可以看出明代

1　周運中：《西域絲綢之路新考》，臺北：花木蘭文化事業有限公司，2020年，第101—116、154—157頁。

〈絲路山水地圖〉在中國地圖史上的重要價值。

一·宋代中國地圖西北資訊的停滯

宋代中原人對中國西北的認識就遠遠不如唐代中原人,我們現在看到的宋代中國地圖上,對中國西北的描繪都是陳舊的知識。北宋初年仍然通過河西走廊的甘州回鶻、瓜沙歸義軍和西域有所來往。西夏佔據河西走廊後,北宋仍然通過青海和西域貿易,所以能得到很多西域知識。

很可惜的是,北宋對於西北的最新知識都未能反映在宋代的地圖上。宋代留存至今的地圖很多,但是具有考察價值的全國地圖不多,本文考察宋代留存至今的五幅全國地圖。

反映宋代中國西北地理知識停滯,最典型的是北宋《九域守令圖》,1964年於四川省榮縣文廟發現,北宋末年刻石,由地名推測刻石時間在宣和三年(1121年)。[2]這幅圖僅畫出北宋境內的部分,不畫西夏、遼、大理部分,所以圖上的西北邊界在廓州(治今青海化隆縣群科鎮古城)、西寧州(治今西寧青唐古城),這是北宋在最西北的邊境。而且在今甘肅境內的部分基本上僅有州名,不像陝西境內的部分還畫出很多縣名,說明中原人對西北的瞭解有限。

劉豫偽齊阜昌七年(南宋紹興七年,1136年)刻石的〈華夷圖〉、〈禹跡圖〉,在今西安碑林的一塊碑正反面。根據石刻的題記,兩幅圖是同一年所刻,〈禹跡圖〉是四月刻石,〈禹跡圖〉是十月刻石。但是今人研究,這兩幅地圖的繪製時間可能不同。根據曹

2　鄭錫煌:《九域守令圖研究》,曹婉如等編《中國古代地圖集(戰國—元)》,文物出版社,1990年。

婉如研究，〈華夷圖〉的地名顯示繪製時間在政和七年（1117年）到宣和七年（1125年）間，〈禹跡圖〉繪製於宋神宗元豐四年（1081年）到宋哲宗紹聖元年（1094年），[3]劉建國認爲〈禹跡圖〉繪製於元祐二年（1087年）到四年，[4]比《九域守令圖》還早。

宋代〈禹跡圖〉在中國西北地方，僅畫出涼、甘、肅、瓜州、湟水、浩亹水、弱水、合黎山、祁連山、大雪山等極少地名，缺少沙州。

至於圖上祁連山之南的黑水，是源自《禹貢》的地名，不是宋代人確知的眞實地名。圖上的黑水從祁連山向西南流，顯然不存在這樣一條大河，這是宋人的想像，缺乏根據。圖上的弱水、合黎山也源自《禹貢》，未必是指今天的北大河，因爲圖上的弱水似乎是南流，在肅州、瓜州之北，位置顯然不合，酒泉、瓜州之北不存在這樣的一條大河，也是出自宋人的想像。

因爲〈禹跡圖〉強調《禹貢》的知識，所以圖上的《禹貢》地名特別重要。宋代推崇儒學，《禹貢》的地位較高，但是《禹貢》邊疆的很多地名難以確定，所以其實早已失去了價值，可惜宋代人未必認識到這一點，仍然在考證《禹貢》上浪費很多精力，更何況他們的考證缺乏最新的邊疆地理知識和有效的考證方法。我們今天往往過度讚揚宋代的地理學成就，而未對宋代邊疆地理知識的停滯有客觀的批判。宋代地圖能保存下來固然可貴，但是更重要的應該是研究圖上的地名。近年研究宋代地圖的著作本來很少，認眞宋代

3　曹婉如：《有關華夷圖問題的探討》，曹婉如等編《中國古代地圖集（戰國—元）》。

4　劉建國：《〈禹跡圖〉考辨》，《東南文化》1990年第4期。

地圖上地名的著作更少。很多著作仍然局限於研究宋代地圖的源流和文獻著錄，而不關注地名研究，令人感到非常遺憾。

宋代〈華夷圖〉圖的左下角注：「其四方蕃夷之地，唐賈魏公圖所載，凡數百國，今取其著聞者載之，又參考傳記，以敍其盛衰本末。」該圖參考了唐代賈耽的〈海內華夷圖〉，又有修訂。

宋代〈華夷圖〉的西北部分，畫到了新疆境內，標出涼州、甘州、肅州、瓜州、沙州、漢玉門關、漢陽關、鄯善、樓蘭、蒲昌海、西州、伊州、庭州、焉耆、龜茲、唐安西府、疏勒、蔥嶺、沙車、於闐、烏孫。圖上的地名，漢唐雜陳，唐代已無烏孫之名。

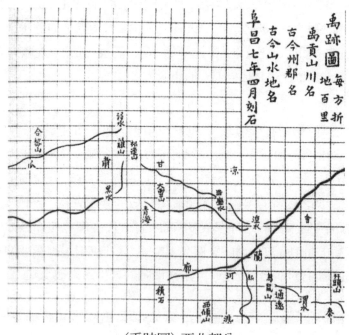

〈禹跡圖〉西北部分

　　圖上還有積石山、合黎、弱水、焉支等上古地名，圖上的弱水是北流，即今北大河，西側還有長城，應是漢長城。這幅圖的西北部分的西北部分比較詳細，源自唐代人的資料。

宋代〈華夷圖〉西北部分

　　南宋淳祐〈地理圖〉現存蘇州文廟，是蘇州文廟現存的四大宋碑之一。據原圖下方的跋文，此圖作者是黃裳，製作時間是淳熙十六年（1189年）到紹熙元年（1190年）間，其時黃裳為嘉王邸翊善。先是由王致遠在四川得到這幅圖，王到平江府任職刻石。這幅圖收入《中國古代地圖集》，有線描圖。[5]

5　　曹婉如等編《中國古代地圖集（戰國—元）》，文物出版社，1990年。

　　張曉旭考證，淳熙十年（1183年）到紹熙元年（1190年），黃裳任太學博士、秘書郎、嘉王府翊善，圖成於此時。[6]嘉王趙擴卽位，卽宋光宗，《宋史·黃裳傳》記載改元時，黃裳上八圖，其中有〈地理圖〉。

　　我們可以看到，這幅圖畫出涼州（今武威）、甘州（今張掖）、甘峽山、合梁山、玉門關、弱水、居澤。因爲線描圖可能有誤，所以我們不知甘峽山、居澤是在哪一步畫錯，居澤應是居延澤，甘峽山應是甘峻山。合梁山是合黎山，在今高臺縣北，弱水是今黑河下游。

南宋淳祐《地理圖》西北部分內容

6　張曉旭：《宋代地理圖碑研究》，《東南文化》1993年第6期。

　　南宋咸淳〈輿地圖〉，現藏日本京都府東福寺塔頭栗棘庵，日本學者青山定雄從京都博物館展出的圖書目錄中獲知東福寺藏有此圖，善慧院的原以三禪師說此圖是栗棘庵創始人白雲惠曉佛照禪師，從中國帶回的宋代拓本。佛照，諱惠曉，字白雲，于日本文永三年（南宋咸淳二年，1266年）入宋，受教於明州（今寧波）瑞岩寺希叟紹曇。弘安二年（元至元十六年，1279年）回日本，遇元軍抓捕，幸得逃脫。先回東福寺，永仁年間（1293—1298年）又在城北栗棘庵隱棲，至圓寂。永仁四年，手訂栗棘庵藏書規則，很多藏書來自中國。這幅地圖應是佛照從明州帶回，一直藏在栗棘庵。

　　日本學者森鹿三在《栗棘庵所藏輿地圖解說》一文中，根據咸淳元年（1265年）升為府的咸淳、慶元、里安三府地名，提出此圖在宋度宗咸淳年間繪製。[7]青山定雄的〈關於栗棘庵所藏輿地圖〉一文，比較此圖與其他宋代地圖，認為可能本於黃裳的〈地理圖〉。森鹿三認為此圖是石刻圖，青山定雄認為是木刻，因為圖幅太大，所以分兩幅印刷，左右拼接。高207釐米，寬196釐米。中國學者黃盛璋先生1980年到京都訪學，獲得此圖照片。黃盛璋認為，此圖有四大特點：一是圖幅大，二是範圍廣，三是內容多，四是交通線路突出，不僅為其他宋代地圖不及，甚至是此圖特有或首次出現，在同時代的世界地圖中也屬罕見。因此這幅地圖不論在中國地圖史上，還是世界地圖史上，都有重要地位。黃盛璋發現此圖左上方的《諸路州府解額》中有富順監，嘉熙元年（1237年）廢，咸淳元年復置。但是考慮到政區設置與印刷刊行，此圖似應作於咸淳二年（1266年）。此圖應該是作於南宋的寧波，因為圖上的航海線路全是從寧

7　森鹿三：《栗棘庵所藏輿地圖解說》第11冊第4分冊，1941年。

波出發，東海島嶼也很清晰，寧波印刷業發達。黃盛璋還論述了此圖交通線路的史料價值，認爲很多可以補史料之缺，可以據此復原宋代交通。他還研究了圖上的黃河、淮河、海河水系，認爲其中有些是宋代情況，有些來自唐代地圖。[8]

我認爲圖上寧波的水軍大寨非常突出，因爲寧波是南宋海軍重鎮，所以這幅圖上有詳細的航海路線，關於山東半島的畫法也很奇特，反映江南和北方沿海的海路來往。[9]

我們注意到，咸淳〈輿地圖〉的河西走廊，不僅畫出了甘州、黑水、合黎山、居延澤、甘峻山等，還畫出了肅州、酒泉、常樂 (在今瓜州)、瓜州、晉昌 (在今瓜州)、玉門關、三危山。圖上的烏孫，畫在涼州、肅州之間，嚴重錯誤，這可能源自圖上新疆部分的錯位元。

這幅圖上雖然也畫出了新疆境內的部分，仍然是唐代地名，無疑是抄錄此前的宋代地圖，而且整體錯位到了甘肅的南部。漢陽關也錯到了甘肅南部，說明是原作者爲了保持圖幅的方形結構，而故意做了扭曲處理。因爲這幅圖是南宋人繪製，南宋已經不和西夏接壤，南宋和西域的陸路交通已經斷絕，所以對中國西北的地理瞭解又不如北宋。

中古穆斯林繪製的世界地圖上，中國部分畫得也不是很清晰。中國新疆人馬合木·喀什噶里 (Mahmūd al-Kashgharī) 在11世紀70年代編寫的《突厥語詞匯》，收有一幅圓形世界地圖。這幅圓形地圖

8　黃盛璋：《宋刻輿地圖綜考》，《中國古代地圖集 (戰國—元)》，第56—60頁。

9　周運中：《大明混一圖中國部分來源小議》，劉迎勝主編《大明混一圖與混一疆理圖研究》，鳳凰出版社，2010年。周運中：《宋代寧波產生的中國最好地圖研究》，《中國港口》2017年增刊第2期。

吸納了阿拉伯地圖的知識，又有很大改訂，世界的中心不是伊斯蘭教的聖地麥加、麥迪那，而是黑韓王朝的都城八刺沙袞，世界各地環繞中亞。這幅圓形地圖示出的中亞和中國西北的地名，比阿拉伯地圖多，如中國境內的高昌、彰八里（今昌吉）、別失八里（在今吉木薩爾縣[10]）、唆里迷（今焉耆）、可敦城等。

咸淳〈輿地圖〉西北部分內容

10　別失八里是突厥語的五城，指今吉木薩爾縣的北庭古城為中心的五城，見陳戈：《別失八里（五城）名義考實》，《新疆社會科學》1986年第1期。收入陳戈：《新疆考古論文集》，第663—676頁。

　　圖上在最上方也卽東部標出摩秦（Masīn），ma源自梵語的大maha，通常譯成摩訶，馬秦指大中國。馬合木·喀什噶里在此書的桃花石詞條說：「此乃摩秦的名稱。摩秦距離契丹有四個月路程。秦本來分爲三部：上秦在東，是爲桃花石。中秦爲契丹，下秦爲八兒罕，而八兒罕就是喀什噶爾。但在今日，桃花石被稱爲摩秦，契丹被稱爲秦。」桃花石是中國總稱，可能源自拓跋。契丹是中國北部，摩秦（大中國）是中原和南方，當時屬宋朝。新疆也是秦的一部

咸淳〈輿地圖〉西域部分內容

分，作者自稱是下秦，因爲在圓形地圖的中國下方。[11]但是圖上不標中原地名，反映中亞的學者對中國內地的瞭解不多。

此時穆斯林地理書中也記載了一些中國境內的地理知識，但是所記的地名多數在西北，很少涉及中原。其中有的知識也比較陳舊，也雜糅新舊知識。關於此點，本書不能展開，將在另書詳述。這也說明當時很少有中國地理圖書傳播到西方，此時中國和西方的往來越來越依靠海路，陸上絲綢之路的繁盛已經遠遠不如漢唐。

二·《元史·西北地附錄》、〈經世大典圖〉的對比

元順帝至順元年（1330年），察合台兀露絲汗篤來帖木兒卽位，在他卽位期間，元朝頒佈了《經世大典》，附有西北三個汗國的地圖。這幅地圖保留在清代魏源的《海國圖志》中，經研究出自元代《經世大典》，所以一般被學者稱爲〈經世大典圖〉。根據前人研究，這幅圖的方向扭轉了135度。這幅圖的範圍東到沙州（今敦煌），北到錫爾河下游的氈的和伏爾加河下游的不里阿耳（保加利亞），西北到阿羅思（俄羅斯），西到迷失吉（大馬士革）和迷思耳（埃及），西南到八哈剌因（巴林），南到天竺（印度）。

《元史》卷十五〈地理志六〉有〈西北地附錄〉，記載了篤來帖木兒以下的地名37個，屬察合台汗國。記載了月祖伯以下的地名10個，屬欽察汗國。記載了不賽因以下的地名45個，屬伊利汗國。[12]前人比較了〈經世大典圖〉，認爲這些地名源自〈經世大典圖〉。繪圖

---

11 張廣達：《關於馬合木·喀什噶里的〈突厥語詞彙〉與見於此書的圓形地圖》，《文書、典籍與西域史地》，廣西師範大學出版社，2008年，第46—66頁。

12 [明]宋濂等：《元史》，中華書局，1976年，第1567—1575頁。

依據是元代秘書監的回回圖冊，缺乏欽察汗國的資料，圖上欽察汗國的有限地名來自欽察汗國與其他汗國接壤的部分。其中很多地名爲前人考證過，[13]本文比較〈經世大典圖〉和〈絲路山水地圖〉對應的地名，詳見下表。

可以發現，〈絲路山水地圖〉因爲源自商路地圖，所以更加詳細，地名更多。表中也列出〈混一疆理圖〉對應地名，可以對應的更少。

〈經世大典圖〉的途思，畫在去巴達哈傷（巴達赫尚）的路上，前人指出途思在呼羅珊的西部，位置錯誤。我認爲這個途思或許是昆途思的訛誤，卽今昆都士，見於〈絲路山水地圖〉。

13　劉迎勝：《察合台汗國史研究》，上海古籍出版社，第576—619頁。

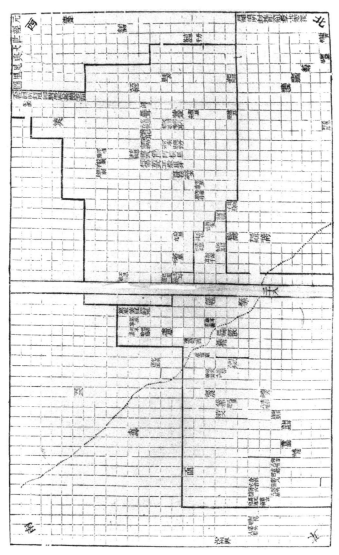

元《經世大典》地理圖

地名對照表

混一疆理圖	經世大典圖	絲路山水地圖	今地	今屬國
	塔失八里	他失把力	哈密石城子	中國
	柯模里	哈密	哈密	中國
柳中	魯古塵	魯城	魯克沁Lukchun	中國
高昌	合剌火者	火者	高昌Qara Qocho	中國
	他古新	脫辛	托克遜Toqsan	中國
	苦叉	苦先	庫車Kucha	中國
	倭赤	兀赤	烏什Uch	中國
	可失哈耳	（哈失哈力）	喀什Kashghar	中國
	賽藍	阿必打力瓦思	希姆肯特Shymkent	哈薩克斯坦
塵的	氈的	咱力都		哈薩克斯坦
	訛跡邗	掩的干	安集延Andizhan	烏茲別克斯坦
麻那吉美	麻耳亦囊	瑪律黑納	瑪律吉蘭Margilan	烏茲別克斯坦
八天		坎巴爾丹	卡尼巴達姆Kani-badam	塔吉克斯坦
忽尼	忽氈	火站	苦盞Khujand	塔吉克斯坦
哈失汙		黑寫歪	黑斯特瓦茲Histe-varz	塔吉克斯坦
窩那多咬		俄剌脫伯	伊斯塔拉夫尚Istaravshan	塔吉克斯坦
	撒麻耳干	撒馬爾罕	撒馬爾罕Samar-kand	烏茲別克斯坦
不哈剌	不花剌	卜哈剌	布哈拉Bukhara	烏茲別克斯坦
八剌哈	巴里黑	把力黑、盼黑	巴爾赫Balkh	阿富汗
克瞻		剌巴的克老干	卡拉夫甘Kalafgan	阿富汗
八達克沙	巴達哈傷	巴答山城	巴達赫尚Bada-khshan	阿富汗
	[昆]途思	昆都思	昆都士Kondoz	阿富汗
哈剌		黑樓	赫拉特Herat	阿富汗
米襄	西模娘	西馬	塞姆南Semnan	伊朗
	柯傷	哈山	卡尚Kashan	伊朗
阿思		牙思	亞茲德Yazd	伊朗
撒瓦里溪		台白列思	大不里士Tabriz	伊朗
八剌		卜兒思	巴士拉Basra	伊拉克

三·〈混一疆理圖〉的對比

明代初年，東亞最著名的兩幅世界地圖是〈大明混一圖〉和〈混一疆理歷代國都之圖〉，這兩幅圖絕大多數內容是同源。

根據前人研究，〈大明混一圖〉爲洪武二十二年（1389年）在宮廷中繪製，中國部分依照元代朱思本〈輿地圖〉繪製，更改了明朝的地名，非洲、歐洲、東南亞部分和〈混一疆理歷代國都之圖〉同源。〈混一疆理歷代國都之圖〉的跋文說，該圖是建文四年（1402年）朝鮮來中國的使者金士衡、李茂、李薈等，根據元代中國人李澤民〈聲教廣被圖〉和清濬〈混一疆理圖〉繪製，又由權近根據朝鮮的地圖增繪了朝鮮和日本部分，所以〈大明混一圖〉的非洲、歐洲、東南亞部分依據〈聲教廣被圖〉，因爲〈混一疆理歷代國都之圖〉沒有畫印度，所以〈大明混一圖〉的印度部分可能依據劄馬魯丁的《地球儀》和元代的彩色地圖。[14]所以〈混一疆理歷代國都之圖〉的朝鮮顯得更大，日本顯得更加詳確。

朝鮮人繪製的〈混一疆理歷代國都之圖〉，在豐臣秀吉侵佔朝鮮時，被擄掠到日本，所以這幅圖的諸多版本都在日本。日本學者對圖上的地名作了很多考證，指出這幅圖的西方部分源自阿拉伯地圖。[15]海野一隆比較了〈廣輿圖〉、〈混一疆理歷代國都之圖〉天理大學圖書館本、龍谷大學本的南海部分較大島嶼的位置差異，提出

14　汪前進、胡啟松、劉若芳：《絹本彩繪大明混一圖研究》，曹婉如等編《中國古代地圖集（明代）》，文物出版社，1995年，圖版說明第51—55頁。

15　[日]高橋正、朱敬譯：《元代地圖的一個譜系——關於李澤民譜系地圖的探討》，任繼愈主編《國際漢學》第七輯，大象出版社，2002年。[日]藤井讓治、杉山正明、金田章裕：《大地の肖像——繪図・地図が語る世界——》，京都大學學術出版會，2007年，第57—58頁。

龍谷本接近李澤民原圖，又提出圖上南海資料可能來自元軍南征獲得的爪哇地圖。[16]

〈大明混一圖〉

這兩幅地圖，不僅畫出了整個非洲的輪廓，包括最南端的尖角

16　[日]海野一隆：《地圖文化史上的廣輿圖》，東洋文庫，2010年，第138—142頁。龍谷大學本的清晰圖片見：http://www.afc.ryukoku.ac.jp/kicho/cont_13/pages/1390/1390.html?l=1,1&c=31&q=。

和尼羅河的源頭，還畫出了古希臘人所說世界七大奇蹟之一的亞歷山大燈塔。這兩幅地圖，還出了整個地中海的輪廓，標出了剌沒（今羅馬）、法里昔（今巴黎）等歐洲重要的城市。這兩幅地圖，整合了古代阿拉伯地圖和中國地圖甚至朝鮮、日本地圖，是古代東西方文化交融的重要見證。

元末明初的烏思道《刻輿地圖自序》說：「本朝李汝霖〈聲教被化圖〉最晚出，自謂考訂諸家，惟〈廣輪圖〉近理，惜乎，山不指處，水不究源，玉門、陽關之西，婆娑、鴨綠之東，傳記之古跡，道途之險隘，漫不之載。及考李圖，增加雖廣而繁碎，疆界不分而混淆。」[17] 元代李汝霖〈聲教被化圖〉無疑就是李澤民的〈聲教廣被圖〉，汝霖、澤民相通，二者是名、字關係。

我在此前的文章，根據〈混一疆理歷代國都之圖〉的西域部分翻譯用字，提出最初的漢譯者可能是閩南人。[18] 又查到《元典章》卷三十四「軍官再當軍役條」說到：「至元十五年十二月初六日，福建行省准樞密院諮：[來諮：]水軍萬戶府知事李汝霖等告。」[19] 這個李汝霖如果就是〈聲教廣被圖〉的作者，則可以解釋圖上阿拉伯部分的來源和翻譯問題。[20]

17　[明].烏斯道：《春草齋文集》卷三，《影印文淵閣四庫全書》第1232冊，第226頁。

18　周運中：《中國南洋古代交通史》，第418—427頁。

19　陳高華等點校：《元典章》，中華書局、天津古籍出版社，2011年，第1167頁。

20　周運中：《〈混一疆理歷代國都之圖〉南洋地名的五個系統》，《元史及民族與邊疆研究集刊》第31輯，上海古籍出版社，2016年。

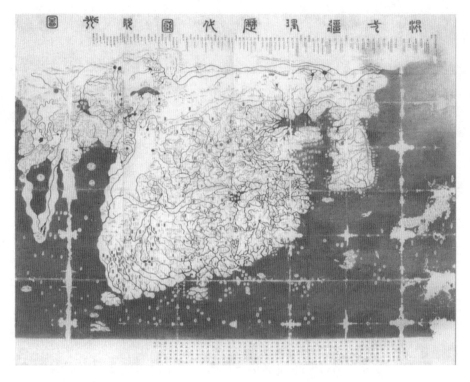

日本島原市本光寺本〈混一疆理歷代國都之圖〉

　　元代的泉州有很多來自西方的海圖，元代《秘書監志》卷四說：
「至元二十四年二月十六日，奉秘書監台旨：福建道騙（遍？）海行
船回回每，有知海道回回文剌那麻，具呈中書省行下合屬取索者。
奉此。」陳得芝先生指出，剌那麻是波斯文rah-nama的音譯，意爲指
路書、地圖、海圖。[21]又指出，明代黃虞稷《千頃堂書目》有大食人

21　陳得芝：《元代海外交通的發展與明初鄭和下西洋》，《蒙元史研究叢稿》，人民出版社，2005年，第422頁。

瞻思 (Shams) 的《西域異人傳》和《西國圖經》，很可能是元旦日翻譯的西域地圖，可惜已經失傳。元《秘書監志》卷四記載，元世祖到成宗時，修《大元一統志》，有彩繪〈天下地理總圖〉，設想把「漢兒田地」各路地圖與「回回圖指」合併，「都總做一個圖子。」但是《大元一統志》一直深藏秘府，直到至正六年（1346年）到九年刊刻，未見地圖。[22]

很可惜〈大明混一圖〉現在難以看到，原圖上的地名被清代人貼上滿文標籤，又被現代人貼嚴，看不到明代的地名。而〈混一疆理歷代國都之圖〉，過去中國學者很難看到。現在我們不僅能看到龍谷大學圖書館網站公佈的版本，還能看到九州島原市本光寺本。

我們很容易發現，〈混一疆理歷代國都之圖〉因為是中國和西域地圖拼合而成，所以圖上在中國和西域之間有個很大的空白，而中國甘肅、新疆部分則和西域連為一體。但是圖上的甘肅、新疆部分地名，絕大多數是漢唐地名，雖然也有元代地名，比如別失八里、亦集乃路等，但是數量很少。說明這幅圖上的中國西北部分多是出自中國地圖而非西域地圖，但是從今新疆中部向西，已經有很多地名是元代的最新知識。

因為〈混一疆理歷代國都之圖〉在元代甘肅、新疆境內的很多地理知識未能更新，所以我們無法判斷現在甘肅、新疆的很多古城到底是明清建立還是元代建立。大概因為〈混一疆理歷代國都之圖〉的中國部分，源自李汝霖等人在東南沿海搜集到的資料，所以圖上的甘肅部分未能更新。此時江南人對西北的瞭解仍然非常

22　陳得芝：《〈混一疆理歷代國都之圖〉西域地名釋讀》，《蒙元史與中華多元文化論集》，上海古籍出版社，2013年，第215頁。

有限，加上元朝的甘肅境內人口稀少，很少有學者把甘肅地圖帶出去，所以東南的學者可能得不到最新的詳細西北地圖。因爲〈混一疆理歷代國都之圖〉對元代中國西北最新地理知識的更新非常有限，所以明代〈絲路山水地圖〉的價值就相應提高了。

〈混一疆理圖〉本光寺本的甘肅部分

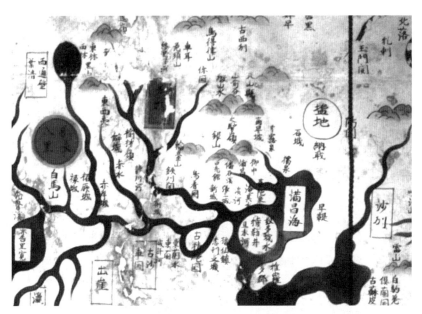

〈混一疆理圖〉本光寺本的新疆部分

　　而且〈混一疆理歷代國都之圖〉上的西域地名，因為經過多次轉抄，很多地名出現字形或位置訛誤，看不出原有的道路。所以圖上的地名雖然很多，但是比較混亂。

　　麻那吉美，美是囊的簡寫的形訛，即瑪律吉蘭。杉山正明指出是瑪律吉蘭，但未能指出錯字。杉山正明指出，撒麻那思是撒麻思刊之誤，即撒馬爾罕。又提出撒瓦利溪是塔瓦利溪之誤，是大不里士，此條待考，暫從之。[23]哈失汗的汗，或是汗的形訛。杉山正明認為哈失汗是喀什，我認為可能不是，因為哈失汗在亦告里寬（伊塞

23　[日]藤井讓治、杉山正明、金田章裕：《大地の肖像——絵図・地図が語る世界——》，第57—58頁。

克湖)之西,而不是南。圖上的亦告里寬,是亦吉里寬之形訛。窩那多咬的咬是誤字,原字不明。

我已經提出〈混一疆理圖〉上的那汗,是拉萬(Lavan)島,則圖上翻譯用汗字。我又提出〈混一疆理圖〉的米襄,在法明、可因之間,前人未釋,應卽西模娘(Simnan),原圖漏譯si,又誤孃字爲襄。[24]

陳得芝先生指出,〈混一疆理圖〉上的忽尼,卽〈經世大典圖〉的忽氊之誤,卽苦盞。[25]

令人非常遺憾的是,〈大明混一圖〉、〈混一疆理歷代國都之圖〉、〈絲路山水地圖〉都不能被當時的普通人看到。〈大明混一圖〉是典型的宮廷地圖,至今還很少有人看到清晰的原圖或照片。〈混一疆理歷代國都之圖〉也很少爲中國學者所知,至今很少有人研究。〈絲路山水地圖〉在古代也被鎖在深宮,很少有人提到這張圖。

雖然這些都是歷史的遺憾,但是我認爲,越是出現這種情形,越是要加強現代的研究,而不必一味苛責古人。卽使不考慮任何閉關鎖國的原因,哪怕是任由民間地圖流通,絕大多數民間地圖也都會湮沒在歷史的長河中。所以保存這些地圖的古代宮廷,也有一定貢獻。往事不可諫,來者猶可追。絲綢之路在當代可以復興,我們更應有責任利用這些寶貴的地圖。

---

24   周運中:《中國南洋古代交通史》,第424頁。

25   陳得芝:《〈混一疆理歷代國都之圖〉西域地名釋讀》,《蒙元史與中華多元文化論集》,第213頁。

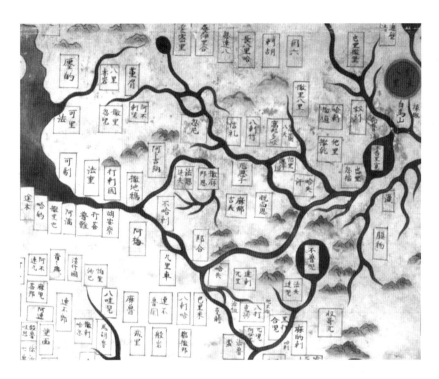

〈混一疆理圖〉本光寺本的中亞部分

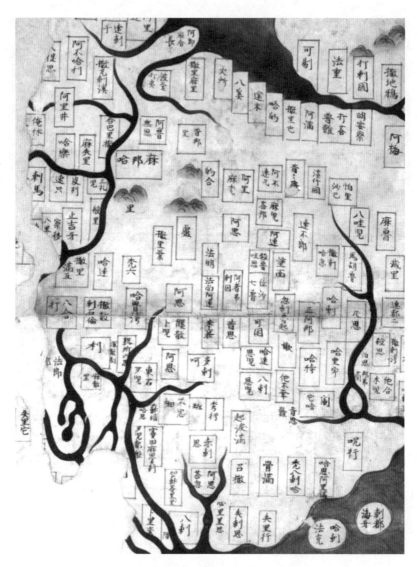

〈混一疆理圖〉本光寺本的中亞部分

第九章 結論

　　上文考證了明代〈絲路山水地圖〉的諸多細節，最終還要概述這幅地圖形成的歷史背景以及重要價值，附帶討論這幅圖定名的一些爭議。

一·〈絲路山水地圖〉源自沙哈魯與明朝和平時期

　　考證了這幅圖上伊朗到麥加的地名，我們就會發現。這幅圖上這一部分有以下幾個特點：

　　1.這幅圖上的伊朗到麥加部分，其實篇幅很短。圖上在今沙烏地阿拉伯僅有一個地名天方國，在今伊拉克的地名也僅有個，數量很少，甚至不畫巴格達等重要城市。在今伊朗的地名，也僅有11個，大量伊朗地名未能畫出。

　　2.這幅圖上的伊拉克到麥加的道路，方向被嚴重扭曲，實際已經從東西向轉爲南向、西南向，但是圖上仍然是東西向。

　　3.這幅圖上的阿拉伯半島海岸線被畫成一條直線，以致於紅海和波斯灣好像是一個海。

　　所以，這幅圖的主要資訊不是來自伊朗、伊拉克和沙烏地阿拉伯。雖然上文說過，這幅圖的終點是戎（今伊斯坦布爾），源自正統

八年的戎國（奧斯曼帝國）遣使。但是這幅圖的主要資訊卻不是來自西亞，如果是西亞人提供了資訊，不可能把伊朗、伊拉克、沙烏地阿拉伯畫得如此簡單。

圖上最重要的西域部分，全在帖木兒帝國境內，約占全圖近一半篇幅。這幅圖上的西域主要資訊來自帖木兒帝國，和這幅圖的最終繪製源自奧斯曼帝國遣使，二者並不矛盾。

因爲自從明朝初年以來，官府就積累了很多西域地理資訊，不必等到奧斯曼帝國遣使才能知曉。奧斯曼帝國很遠，罕見遣使來華，所是刺激了明朝人繪製了這幅圖。但是圖上的資訊很可能是明朝原先積累，或者來自同時代入貢的帖木兒帝國人。帖木兒帝國源自察合台汗國，本來源自蒙古人西征。帖木兒帝國也比較靠近中國，和中國來往較多。

前人早已指出，中國古代史書記載的西域使者，很多是民間商人，假冒使者，爲了打通中國商路，獲取更多利益。正統八年的奧斯曼帝國使者，本來是衆多西域商人中的一員。來自西域各地的商人也有可能向明朝人提供西域地圖，明朝人繪製〈絲路山水地圖〉時，主要根據帖木兒帝國的商人提供的資訊。最後再根據奧斯曼商人提供的資訊，加上天方和紅海以西部分。所以圖上的天方國和戎雖然有突出的地位，但是周圍資訊卻很簡單。

明代〈絲路山水地圖〉產生在沙哈魯和平時期，沙哈魯西征黑羊王朝，直達伊朗西北部，仍然控制著伊朗和中亞。沙哈魯一改帖木兒時期東征西討的尚武之風，雅好學術，派遣友好使團到中國。此時奧斯曼帝國和沙哈魯也未產生衝突，絲綢之路總體上處在和

平時期，可以稱爲沙哈魯和平時期，所以才有〈絲路山水地圖〉的產生。

可惜帖木兒帝國不久就走向衰亡，奧斯曼帝國、薩法維王朝、昔班尼王朝興起，絲綢之路陷入了長期混戰。而且因爲薩法維王朝基於什葉派建立，所以夾雜了宗教戰爭的因素，使得戰爭更加激烈。雖然在奧斯曼帝國和薩法維王朝的二十年和平時期（1514—1534年），因爲絲綢之路的短暫復興而使中國人得到了西域商人帶來的〈西域土地人物圖〉。但是絲綢之路最終走向了衰落，所以晚明未能再出現類似的絲綢之路地圖。

二‧〈絲路山水地圖〉定名的討論

有人提出，清乾隆二十六年（1761年），福隆安、裘曰修等人奉敕查勘內務府輿圖房所儲輿圖，編成的地圖目錄《蘿圖薈萃》，在「輿地」目下的「藏衛蒙古回部朝鮮等處」三十一件輿圖中，稱這幅明代〈絲路山水地圖〉爲《嘉峪關至回部巴達山城、天方西海戎地面等處圖》一張。嘉慶十一年（1806），慶桂等人奉敕編成《國朝宮史正續編》，卷一〇〇說這幅圖：「嘉峪關至回部、拔達克山城、天方、西海、戎地圖一卷：絹本。縱一尺九寸，橫九丈五尺。」而故宮〈絲路山水地圖〉，寬0.59米，長30.12米，尺寸吻合。所以《嘉峪關至回部巴達山城、天方西海戎地面等處圖》是這幅地圖的原名，甚至有人懷疑是清代地圖。[1]民國十三年（1924年）起，清室善後委員會清點故宮物品，刊印《故宮物品點查報告》。在造辦處清點物品

1　　白乙：《白乙評林梅村著〈蒙古山水地圖〉》，澎湃新聞2018年5月5日發表，網址：https://www.thepaper.cn/newsDetail_forward_2110593。

清單中，已經不見這幅圖，說明此前已經流出故宮。在尚友堂所加的小題簽上方，可以看到原來的長題簽被撕掉。

我認爲是《嘉峪關至回部巴達山城、天方西海戎地面等處圖》清代人後加的名字，不是明代原名，更不能證明這幅地圖是清代人首先繪製。被撕掉的長題簽也可能是清代人所加，未必是明代的原名。因爲明代顯然不會把西域統稱爲回部，巴達山城（今巴達赫尚）也看不出在圖上有重要的地位。因爲正統年間到清代已經很久，清代人早已不知這幅地圖的由來。

至於民國商家所加的〈蒙古山水地圖〉之名，我認爲也不宜再作爲這幅地圖的名字。因爲這幅地圖是明代中期繪製，明代人稱察合台汗國爲亦力把里，稱帖木兒汗國爲哈烈，不稱蒙古。帖木兒是蒙古化的突厥人，信仰伊斯蘭教。帖木兒早年被蒙古人打傷腿，又名瘸子帖木兒。帖木兒自稱自己是埃米爾（Amir），這是阿拉伯語的貴族名號。帖木兒帝國的蒙古文化很少，而且和蒙古人的東察合台汗國一直戰爭，所以帖木兒帝國不能稱爲蒙古。這幅圖上的商路經過漢、維吾爾、烏茲別克、塔吉克、波斯、阿拉伯等族居地，涉及的主要民族也不是蒙古人，所以不必再用〈蒙古山水地圖〉之名。

還有人提出〈絲路山水地圖〉是明代中國穆斯林前往麥加的朝覲地圖，我認爲方向正好相反，這幅圖是西域商人來華的商路圖。圖上在麥加之西還畫出了紅海之西的戎（今伊斯坦布爾），如果是中國穆斯林的朝覲圖，實在不必畫出紅河之西的地方。而且中國穆斯林的朝覲圖不可能不畫嘉峪關以東的內地，這幅地圖從嘉峪關開始，正是因爲這幅地圖是官方繪製。

　　鄭和下西洋時期繪製的〈鄭和航海圖〉也曾經長期爲人遺忘，晚清以來才重新爲人重視，最早詳細研究〈鄭和航海圖〉的是英國人M. F. Mayers（1831—1878），漢名梅輝立。〈鄭和航海圖〉在明末《武備志》的原名是〈自寶船廠開船從龍江關出水直抵外國諸番圖〉，曾有人懷疑這幅圖的名字。我在明末《南樞志》中找到這幅圖的另一個版本，原圖另有一個名字，就是〈航海圖〉。[2]可見明代的地圖原本就有別名，一些看似通俗的名字很可能就是明代人原本在民間約定俗成的名字。

　　還有人說絲綢之路是晚出的名字，不能加在明代的地圖上。我認爲這也是吹毛求疵，絲綢之路已經被全世界人廣泛接受，成爲亞歐非古代商路的統稱。明代類似的地圖恐怕很難再找到，因爲嘉靖年間的〈西域土地人物圖〉不是商路圖，所以我們能夠看到的明代陸上絲綢之路可能僅有這一幅圖了，因此我們可以稱之爲明代〈絲路山水地圖〉。

　　現在不少人對明代〈絲路山水地圖〉有質疑，甚至有人直接提出明代〈絲路山水地圖〉是僞造的贋品。但是他們都不是這方面的專業學者，而且他們的文章本身犯有一些邏輯錯誤。有的文章把質疑林梅村等人的觀點當成了對明代〈絲路山水地圖〉本身的質疑，這是混淆是非。還有人在林梅村等人錯誤觀點的基礎上，再提出質疑，他們的觀點自然也很有問題。這些質疑被新聞媒體傳播，造成了不小的影響。很多人看到質疑者的學者身份，而不知他們不是專業研究中西交通史的學者，會被誤導，所以我認爲很有必要回應這

2　周運中：《論〈武備志〉和〈南樞志〉的〈鄭和航海圖〉》，《中國歷史地理論叢》2007年第2期。收入周運中：《鄭和下西洋新考》，中國社會科學出版社，2013年，第70—86頁。

些質疑。

北京清華大學哲學系教授肖鷹對明代〈絲路山水地圖〉提出了所謂的四點質疑，其實全部是對林梅村考證此圖觀點的質疑，而不是對地圖本身的質疑。[3]肖鷹對林梅村觀點的質疑，很多是合理的。他對林梅村觀點的質疑，包括〈絲路山水地圖〉的年代考證、〈絲路山水地圖〉和〈西域土地人物圖〉的關係、〈絲路山水地圖〉是否有所謂被裁去的部分、明代〈絲路山水地圖〉的藝術價值。前三個部分質疑林梅村錯誤的觀點，我已經在本書的上文都糾正，能夠解答肖鷹的疑問。肖鷹對林梅村觀點的第四點質疑是藝術專業問題，他認為明代〈絲路山水地圖〉是東拼西湊之作，卷首的嘉峪關部分模仿明代仇英的〈歸汾圖〉，卷尾的海水部分模仿明代地圖上的海水圖案，圖上的城池模仿晚清地圖上的城池。我認為肖鷹的這些觀點顯然不能成立，這幅圖本來就是明代人根據西域人的簡略示意圖擴充繪出，所以圖上的很多西域山水城池自然類似明清人的畫法。所謂的海水和城池畫法，都是古代常見的畫法，不能證明這幅圖是偽造。這幅圖的價值本來就是主要在地理信息，所以不必過度質疑其藝術價值。

北京清華大學歷史系教授秦暉先生的專長是社會經濟史，而非中外交流史。他的文章質疑了明代〈絲路山水地圖〉的定名，又不知道地圖末尾的戎地面就是魯迷，引用其他人的觀點，認為這幅圖的本名是《嘉峪關至回部巴達山城天方西海戎地面等處圖》。[4]我

3　肖鷹：《〈絲路山水地圖〉四疑》，《文藝研究》2018年第6期。

4　秦暉：《古商路上的逆差貿易（上）——從所謂〈絲路山水地圖〉談起》，《地理教學》2018年第14期。

認爲秦暉先生不明此圖的內容，也不明此圖的流傳情況。所謂〈嘉
峪關至回部巴達山城天方西海戎地面等處圖〉不過是清朝人的定
名，也不是明代的本名。所謂〈蒙古山水地圖〉是這幅圖流散到民
間後的錯誤定名，這幅圖的本名早已不可考。我們現在必須要對其
定名，所以才重新定名爲〈絲路山水地圖〉。正如有人所稱，兵馬俑
的身上找不到兵馬俑三個字，但是不妨礙全世界人都通過兵馬俑這
個現代的名字認識兵馬俑。

　　據新聞報道，武漢大學馮天瑜教授認爲明代〈絲路山水地圖〉
是明代穆斯林去天方朝覲的地圖，又認爲〈蒙古山水地圖〉的定名
正確，還提到有朋友告訴他，明代〈絲路山水地圖〉上的力字是日
本的假名力（ka），不是漢字。[5]馮天瑜先生的研究專長是近代文化
史，不是古代西域史。所謂〈蒙古山水地圖〉的定名本來錯誤，明代
〈絲路山水地圖〉的地域範圍基本不在蒙古人的地域。所謂穆斯
林朝覲圖的觀點，也不能成立。根據我們的研究，圖上的力字不是
日語的假名。如果圖上有假名，不可能僅有這一個字。認爲圖上的
力字是日語假名的人，應該尚未全面研究過這幅圖上的地名。這些
觀點或許是馮天瑜先生的一時之見，但是我們不能奉爲圭臬，再以
訛傳訛。

　　有名爲精緻齋主人馬驫的網友，對專家的看法提出十多處質
疑，認爲明代〈絲路山水地圖〉無印章、題跋，經過重新裝裱，海水
紋樣類似永樂時代的畫法而不是嘉靖時代，圖上的地名都是貼上
去的標籤但是竟然看不到任何褶皺，圖上很多城池、山川未標地

5　　李傑、丁援：《絲路山水地圖：歷史學家馮天瑜答客問》，武漢文化遺產
　　　網：http://www.heritagewuhan.cn/page?detail&type=zhuanjiashequ&aid=f8c
　　　c1c7060f7a6a40161bd2320ab0042。

名，很多河流未畫出橋樑，很多城池是少見的立體幾何形，〈鄭和航海圖〉是經折裝而不是卷軸裝，圖上的山水畫風不接近謝時臣的畫風。對這些質疑，有名爲祥和居主人的網友，在這個帖子下面已經回答，認爲這些質疑都不能成立。他指出，古代書畫找不到印章、題跋的情況很多。每個時代的海水畫法很多，故宮藏宋代馬遠的《水圖》有十二種畫法。古代地圖貼地名標籤很常見，圖上的很多城池、山川不標地名可能因爲古人不知道其具體地名而不標地名，但是仍然可以被畫出來。既然古代畫上的城池也有立體畫法，就不能否定。卷軸裝是古代書畫包括地圖的常見裝裱方式，他還認爲〈絲路山水地圖〉可能是清朝初期的作品。6

　　我認爲他對這些質疑的回答都很合理，可見所謂對專家的質疑，不過是很外行的話。需要補充的是，〈絲路山水地圖〉缺乏印章、題跋很正常，反映明清兩朝的皇帝不關心域外地理，所以他們很少看這幅圖。如果明清兩朝的皇帝關心這幅西域地圖，還會有閉關鎖國和落後挨打嗎？〈絲路山水地圖〉的主要價值是地理信息而不是繪畫藝術，不能用普通畫作來衡量。〈鄭和航海圖〉原本出自明代的書籍《武備志》和《南樞志》，不是經折裝。所謂的經折裝〈鄭和航海圖〉，據我所知，不過是近年有的書商改印。明代〈絲路山水地圖〉的地名原來確實很可能是用標籤貼上，但是現在我們看到這幅圖上的地名不是標籤，這很可能是清代人摹繪時把明代的標籤改爲方框。如果我們現在看到的〈絲路山水地圖〉是經過清代人摹繪，內容仍然是明代的原貌，既不影響我們考證圖上的

6　馬驫：《對〈絲路山水地圖〉專家學術水平的質疑》，網址：https://zhuanlan.zhihu.com/p/33896344。

地名，也不影響我們稱之為明代〈絲路山水地圖〉。圖上的很多城池、山川不標地名，河流缺乏橋樑，因為這幅圖是明代宮廷畫師根據西域人提供的簡略示意圖擴充繪出，西域人提供的原圖很多城池、山川可能就缺乏地名，河流缺乏橋樑，也有可能是宮廷畫師繪製時漏標，這些不能證明這幅圖是偽作。

既然明代〈絲路山水地圖〉在乾隆年間內務府輿圖房的地圖目錄《蘿圖薈萃》已有著錄，不可能是近代偽造。圖上的內容出自明代，清朝的宮廷絕不可能去偽造明朝的西域地圖。

總之，我們不能為了迎合而迎合，也不能為了反對而反對。即便是去除所有現實因素而言，這幅明代〈絲路山水地圖〉仍然很有價值。這幅圖在當代受到熱捧，不能證明這幅圖出自偽造。如果我們從地下挖出一塊古代的珠寶，也會被現代人當成珍品，難道就可以認為這塊珠寶一定是現代人偽造？為何有的人不質疑珠寶而質疑地圖？顯然是因為他們在思考學術問題時，仍然混雜了很多無關的政治考慮或個人想法。如果我們完全從學術的角度考慮，便不可能否定明代〈絲路山水地圖〉的重要價值。

三・〈絲路山水地圖〉與〈鄭和航海圖〉

這幅明代絲綢之路地圖的價值非常重大，證明宋代之後，雖然陸上絲綢之路有所衰落，但是一直未曾中斷。這幅地圖採用中國傳統藝術形式，表現了來自西域的地理資訊，是東西方文化的完美融合。這幅地圖上的商路，越過地中海，一直到達歐洲的戎（今伊斯坦布爾），非常重要。

值得注意的是，這幅圖的繪製時間如果不是嘉靖時而是正統

時，則距離鄭和下西洋很近，堪與此前不久繪製的〈鄭和航海圖〉媲美。〈鄭和航海圖〉就畫出從中國到紅海的航路，恰好和這幅圖構成海陸的完美組合，相得益彰。鄭和第七次下西洋，洪保率領的分船隊，在年到了阿丹 (今葉門亞丁Aden)，遇到當地戰亂，也是在馬木魯克王朝的同意下，才改到馬木魯克控制下的麥加外港吉達貿易，這是七下西洋中唯一到麥加外港的行動。[7]

　　明代〈絲路山水地圖〉的終點戎 (Rum)，是東羅馬帝國都城伊斯坦布爾，實際到中國的使者可能是土耳其人。這幅地圖畫出的最遠地方已經超過了紅海，到達地中海。

　　海路〈鄭和航海圖〉和陸路〈絲路山水地圖〉之所以出現這樣的巧合，因為在明代中期，東西方之間的絲綢之路仍然非常興旺，政治局勢相對和平。晚明全球氣候轉變，進入所謂的明清小冰期，不僅動亂頻仍，而且各地經濟普遍下滑，所以對傳統的商路打擊很大。所以在正統時期，其實還有重新開通傳統海陸絲綢之路的可能。

　　鄭和下西洋雖然在明宣宗宣德年間結束，但是明英宗、明憲宗也一度想重新下西洋，《明史》卷一六四《張昭傳》說：「英宗復辟甫數月，欲遣都指揮馬雲等使西洋。」《殊域周諮錄》卷八〈古里〉說：「成化間，有中貴迎合上意者，舉永樂故事以告，詔索鄭和出使水程。」

　　明英宗被瓦剌人俘虜，又被放回，這是中國歷史上罕見的奇恥大辱。明英宗竟然成功復辟，從景泰帝手中奪回皇位。他既想洗刷

7　　[日]家島彥一：《鄭和分艦訪問葉門》，《中外關係史譯叢》第2輯，上海譯文出版社，1985年。

恥辱，又想鞏固皇位，轉移國內矛盾，封賞幫助他復辟的人，自然就想到重新下西洋。明英宗復辟時，距離鄭和下西洋結束僅有24年，此時仍然具備重新下西洋的極大可能。但是明朝經過土木之變和兄弟相殘，國力比起明成祖時已經大為衰落，政局不穩，明英宗仍然以穩定國內政局為首要任務，所以最終未能重新下西洋。

隨著鄭和下西洋人員的凋謝，海船逐漸荒廢，李昭祥在嘉靖年間所編的《龍江船廠志》卷三說：「寶船廠匠二名，洪武、永樂中造船入海取寶，該廠有寶庫，故取撥匠丁赴廠看守，今廠庫鞠為茂草，而匠丁之輸錢者如故。」[8]說明到了明代中期，寶船廠已經完全荒廢。甚至連〈鄭和航海圖〉的流傳也成了謎團。現在我們能看到〈鄭和航海圖〉，是因為天啓年間茅元儀編的《武備志》和張可仕編的《南樞志》收錄了這幅圖，但是這幅圖在明代中期的情況則找不到任何史料。傳說成化年間，劉大夏為了阻止重下西洋而焚毀〈鄭和航海圖〉，但是也不能確證。[9]不管明代中期是否有人焚毀了〈鄭和航海圖〉，這個傳說的出現，已經可以證明在明代中後期，一般人已經基本見不到或不關注〈鄭和航海圖〉了。到了嘉靖年間，因為倭寇的肆虐，很多人才重新關注鄭和下西洋，關注〈鄭和航海圖〉。明末人關注〈鄭和航海圖〉，是懷念明初的強大國力。

至於明憲宗，本人可能不存在重下西洋的動機，應是宦官的想法。成化時期的宦官勢力更加囂張，所以想通過下西洋獲取更多海

8　[明]李昭祥撰、王亮功校點：《龍江船廠志》，江蘇古籍出版社，1999年，第93頁。

9　王宏凱：《劉大夏焚毀鄭和出使水程質疑》、蘇萬祥：《鄭和下西洋檔案為劉大夏燒毀說質疑》，南京鄭和研究會編：《鄭和研究論文集》第一輯，大連海運學院出版社，1993年，第462—480頁。

外奢侈品,討好皇帝。這種動機可能是某些人一時的想法,自然不可能眞正啓動重新下西洋的進程。此時的明朝因爲日益封閉,上層統治者們不可能再有下西洋的強烈願望。

所以〈鄭和航海圖〉和〈絲路山水地圖〉其實都可以看成是明代前期的遺產,而不是明代中期。

四・〈絲路山水地圖〉與海陸絲綢之路興衰

可惜明代中期未能把握住重新下西洋寶貴的機會,更未能把握住積極守衛海疆、開拓海外貿易的機會。

此時正是葡萄牙人開闢新航路而大舉進入東方海洋的時期。弘治十年(1497年)7月8日,達·伽馬離開了里斯本,次年3月20日繞過好望角,5月20日到印度的古里(卡里卡特Calicute),開闢了新航路。古里從宋元以來就是印度西部最重要的海港,是鄭和下西洋前三次的終點,七下西洋都停靠古里。古里是中國船隊在阿拉伯海最重要的基地,葡萄牙人聽說中國人曾經在古里建立過要塞,大概類似〈鄭和航海圖〉標在蘇門答臘和麻六甲的官廠。可惜,葡萄牙人來到印度洋時,中國的船隊早已退出了印度洋。

達·伽馬在古里停留時,遭到阿拉伯人、猶太人等傳統商路上的商人排擠。葡萄牙人在猶太間諜的口中得知,很多船隻要圍攻他們,10月5日匆忙離開印度。雖然未能建立商站,但是在弘治十二年(1499年)8月回到葡萄牙時,仍然受到國王的重賞。[1]

1　[葡]雅依梅·科爾特桑著、王慶祝、孫岩峰、朱琳譯:《葡萄牙的發現》第五卷,中國對外翻譯出版社公司,1997年,第869—877頁。

　　弘治十三年（1500年），葡萄牙人佩德羅·阿爾瓦雷斯·卡拉布林率領的艦隊到達古里，炮轟兩天，轉到柯枝（柯欽Cochin）和坎納諾爾(Canannor)，建立了商站。十四年（1501）到十八年（1505年），葡萄牙國王任命唐·法蘭西斯科·阿爾梅達爲印度總督。十五年（1502年），達·伽馬的艦隊再次來到印度，炮轟古里，殺死很多印度人。抓獲了一艘埃及的商船，燒死船上的300人，次年回到葡萄牙。達·伽馬的叔叔維森特·索德雷有五艘帆船留在印度，保護柯枝和坎納諾爾的商站，封鎖紅海口，阻止阿拉伯船開往印度。十六年（1503年），葡萄牙人派遣阿豐索·德·阿爾布開克率領船隊到印度，在柯枝建立了要塞和教堂，在小俱藍（奎隆Kuilon）建立了商站，葡萄牙人在印度建立了穩固的基地。從1505年起，香料在里斯本比威尼斯便宜，新航路的地位逐漸壓倒老航路。

　　正德元年（1506年），葡萄牙人特里斯唐·達·庫尼亞的艦隊出發，次年攻佔索科特拉島(Soctra)。阿爾布開克一路洗劫了阿曼(Oman)沿海的港口，佔領了馬斯喀特(Muscat)，降服了蘇哈爾（Sohar），通過激戰，降服了忽魯謨斯(Hormuz)，建立了要塞。但是次年，因爲軍人嘩變而撤回索科特拉島。四年（1509年），阿爾布開克任印度總督。五年（1510年），攻佔果阿(Goa)，屠殺了全城人，建立了要塞。六年（1511年），滅亡了鄭和下西洋時期在南洋扶植的麻六甲國(Malacca)。七年（1512年），炮轟亞丁，封鎖紅海出口。八年（1513年），葡萄牙人首次來到中國廣東海岸。十年（1515年），葡萄牙人重新佔領忽魯謨斯。十三年（1518年），降服斯里蘭卡，在可倫坡(Colombo)建立要塞。葡萄牙人在十年之內，就從印度一隅擴張到了整個印度洋海路要地。嘉靖八年（1529年），葡萄牙人甚至攻入巴

士拉。

葡萄牙人在東方的新航路遭到了老航路上所有商人的抵制，包括奧斯曼土耳其人、阿拉伯人、波斯人、義大利人、猶太人等。1516年，奧斯曼帝國征服埃及，迅速建立紅海艦隊。1538年，這支艦隊佔領了葉門。1551年，奧斯曼帝國佔領阿巴斯港和馬斯喀特，1554年佔領巴林。奧斯曼帝國之所以要在1533年佔領伊拉克，原因之一是想通過波斯灣打通印度洋航線。

1531年，葡萄牙人攻佔第烏 (Diu) 失敗，坎貝王國的巴杜爾蘇丹得到了土耳其艦隊的支援。1533年，葡萄牙人在達茫 (Damão) 建立要塞時，恰逢巴布爾入侵，葡萄牙人趁機保護巴杜爾蘇丹，1535年在第烏建立要塞。1538年，蘇丹請求土耳其艦隊援助，葡萄牙人打敗了土耳其艦隊。[2]1547年，海盜出身的皮里·雷斯 (Piri Reis) 被任命爲印度洋艦隊司令和埃及艦隊司令，次年重新攻佔亞丁，最終攻佔巴士拉，1552年把葡萄牙人趕出馬斯喀特。1553年，皮里去世後，另一名海盜出身的西地·阿里·雷斯 (Seydi Ali Reis) 成爲紅海艦隊司令，他被葡萄牙人在忽魯謨斯打敗，1557年才從印度回到家鄉，重新奪回紅海的港口。[3]

雖然奧斯曼帝國努力維護印度洋商路，也取得很大效果，但是不能改變海路取代陸路的大趨勢。特別是16世紀末荷蘭人、英國人在海上霸權的崛起，在東南亞和美洲開闢廣闊的殖民地和種植園，開闢了更多航路，包圍了大陸上的老牌帝國，更加確立了海權國家

2　[葡]雅依梅·科爾特桑著、王華峰、周俊南譯：《葡萄牙的發現》第五卷，中國對外翻譯出版社公司，1997年，第1196—1263、1297—1299頁。

3　[美]斯坦福·肖著、許序雅、張忠祥譯：《奧斯曼帝國》，第142頁。

的領導地位。

　　此時世界史進入了一個新時代，新航路開始逐漸取代傳統絲綢之路的地位。到了〈西域土地人物圖〉成書的嘉靖時期，葡萄牙人、西班牙人已經建立了跨印度洋、大西洋、太平洋的全球貿易網路，所以此時的西域陸路地圖地位已經相對降低。這就更加凸顯了明代正統年間繪製的〈絲路山水地圖〉的重要地位，這幅地圖見證了絲綢之路的輝煌歷史。

附錄

一‧《陝西通志‧西域土地人物圖》

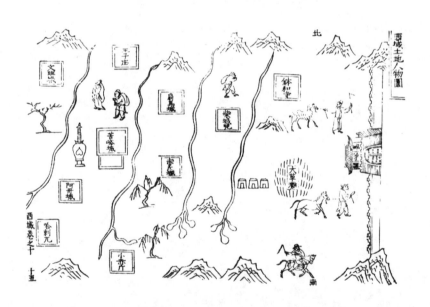

《陝西通志‧西域土地人物圖》之一

《陝西通志・西域土地人物圖》之二

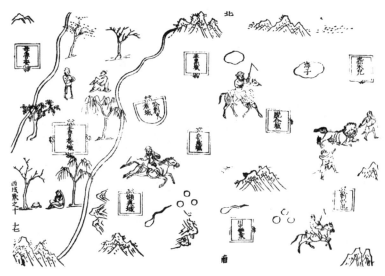

《陝西通志・西域土地人物圖》之三

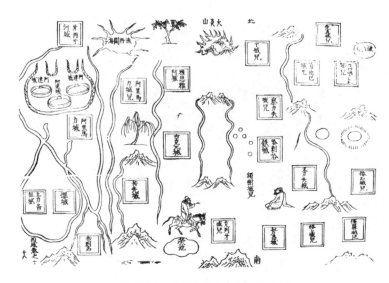

《陝西通志・西域土地人物圖》之四

《陝西通志・西域土地人物圖》之五

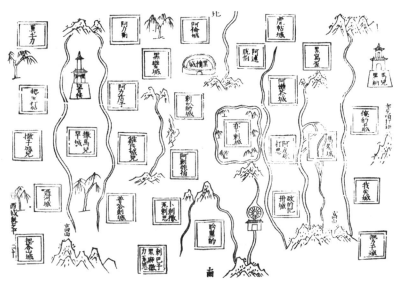

《陝西通志・西域土地人物圖》之六

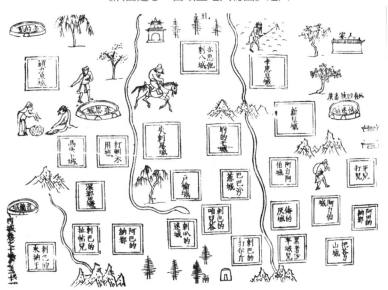

《陝西通志・西域土地人物圖》之七

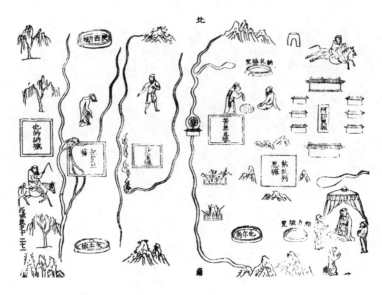

《陝西通志・西域土地人物圖》之八

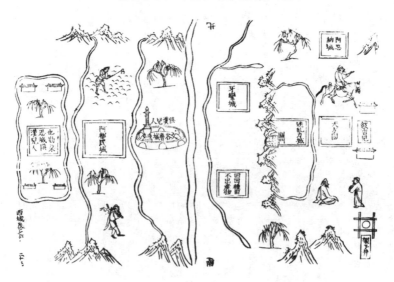

《陝西通志・西域土地人物圖》之九

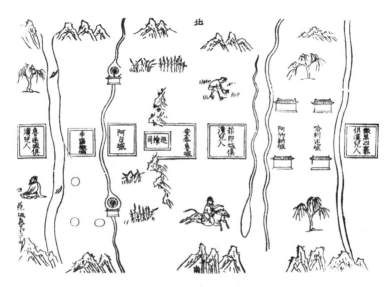

《陝西通志・西域土地人物圖》之十

二・《陝西通志・西域土地人物略》文字

嘉峪關西八十里，爲大草灘（其地廣而多草）。灘西四十里，爲回回墓（以地有回回三大塚，故名。迤北爲鉢和寺，寺西五十里爲柴城兒）。墓西二十里，爲騸馬城（中有二水北流）。城西三里，爲三棵樹（以地有三樹故名）。樹西三十里，爲赤斤城（卽我皇明設赤斤衛處也，迤南二十里爲小赤斤）。赤斤西百五十里，爲苦峪城（卽我皇明所設苦峪衛處也，東有河。城中有三墩，迤北五十里爲王子莊）。

苦峪西二十里，爲古墩子（墩西有塔）。墩西六十里，爲阿丹城（西北有河，河北爲羽卽戎、卜隆吉兒）。阿丹西南三十里，爲哈剌

兀速城（其西北爲叉班城，哈剌兀速、叉班間有河）。哈剌兀速西南百里，爲瓜州城。瓜州西六十里，爲西阿丹城（其叉班西南五十里，爲卜隆吉兒城。卜隆吉兒西南六十里，亦會于西阿丹。叉班之西，卜隆吉兒之北，其南路爲垣力，爲提干卜剌、察提兒卜剌、額失乜、大羽六溫。其北路爲襖赤贍求，爲垣力，爲哈剌哈剌灰，又爲哈剌灰。西阿丹城西爲兀兀兒禿，爲牙兒卜剌陳，爲答失卜剌，迤北爲王子莊，樹西北爲哈剌灰，爲召溫虎都、乩失虎都，爲偏肯，爲阿赤，卜兒邦，爲哈卜兒葛，爲賽罕）。

西阿丹西二百里，爲沙州城（即我皇明所設沙州衛處，古所謂流沙者也。城西爲虎木哥城，爲答失虎都，爲牙卜剌，爲哈失卜剌，西北爲阿子罕，爲阿赤，爲引只克，爲哈密頭墩，爲羽術脫雲，爲乞兒把赤，爲克兒革乜思）。

沙州西三百里，爲哈密城（城東有河，河上有橋，有水磨城。北三十里爲速卜哈剌灰，南三十里爲畏吾兒把力）。哈密西十里，爲阿思打納城（城北五十里，有卜古兒。卜古兒西五十里，至阿打納城，又西爲也帖木兒，又西五十里，爲剌木城，又西有巴兒海子，雙山兒、簽巴兒山，山西又有雙山兒，有缽和寺城，城西五十里，至哈剌帖乩，其西北爲剌木城，剌木至哈剌帖亦五十里。自哈剌帖乩，而西有察黑兒，有川中雙泉城，又西百里至中中泉，又西百里有雙泉兒墩）。

阿思打納，西爲把兒思關，又西爲脫合城兒。又西爲北昌，又西爲魯珍城兒（城南有剌土，有蘆葜草墩，有懶眞城，有半截土墩，有巴思關山）。魯珍北爲羊黑城兒。又西五十里，爲哈剌火者。又西五十里，爲我答剌城。城西百里，爲土魯番（回回種田產各色果品

樹木，西北有委魯母）。土魯番西二百里，爲俺石城（城南有俺鼻城兒，北有撒剌池）。又西五十里，爲蘇巴失（北有兔眞城兒）。又西二百里，爲昆迷失（其南有白山兒，其山東至俺鼻城行六日，其北有池，有昌都剌城兒）。

　　昆迷失西二百里，爲阿剌木。又西百里，爲叉力失城（叉力南有他林河）。叉力失西百里，爲哈剌哈失鐵城（其南格卜城兒、扯力昌河，北有苦他巴城兒、黑松林河）。又西百里，爲瀼巴泉。又西百里，爲黑水泉（泉北有察力失城、丁城兒、泉兒河，其南爲扯力昌城）。泉西百里，爲雙山兒城。又西百里，爲獨樹城兒（城北有兀馬河、瀼巴河，西有一晝夜川）。獨樹西百里，爲察力察井（井北有火炎山）。又西二百里，爲淤泥泉（泉南爲克列牙城兒，其城東至扯力昌城行八日程）。泉西百里，爲察兀的河（其河南北俱與山接）。河西百里，爲楊子河（其河亦南北俱與山接）。楊子河西十里，爲古克兀城（城北有雅思雅阿城，南有潦池）。

　　又百里爲苦先城，又西百里，爲西牙河城（城北有雙山關，有阿思馬力城，西北有迤西闊海子，西有沙的郎哈，西南有花蛇河，南有赤剌店）。

　　西牙河西三百里，爲阿黑馬力城，城西南百里，爲土力苦扯城（其城東至擺城四十里）。土力苦扯西北百里，爲阿速城（三城相連周環山水）。阿速西二百里，爲阿亦地里城（城北有也列河，南有阿丹城，西有泉）。

　　又西百里，爲克力賓城（城南有二回回墓及黑玉河，北有石店子）。又西百里爲乾泉。又西百里，至大井（井南有三築城）。大井

西二百里，爲比長店子（其南有乾羊城兒，北有石城兒）。又西二百里，爲土台泉（其地土臺上有二泉，故名。其南有恰木石干城）。泉西三百里，爲桐河（其南爲牙力干城，北又有石城）。又西五十里，爲石子泉（泉西爲把立站，南爲店子井，北爲養泥城兒，其城東至石城行八程）。

泉西二百里，爲河西丁城（城南有鎖河城兒，東南有海子城）。河西丁北二百里，爲亦的哈馬城，城西南爲哈失哈力城，城西五十里爲失哈力城（其南有米兒阿都剌城，其西有河，有民運，民運南爲也力灰，爲黑沙那思，爲哈剳。民運北爲黑失哈城）。

又西爲尚力，又西三百里爲我撒剌（其西南爲討墩巴失，西北爲賽藍城）。又西五百里，爲土剌城（其城形圓，四外屋羅之，中有王子一人住，回回不纏頭，帶白羊毛帽，不種田，喫魚羊肉馬乳）。又西七百里，爲牙思城（有纏頭回回，出淩羊角、帖角皮）。牙思西四百里，爲也失卜（其南有巴速兒，有打下你、俺的速，北有他失干城）。也失卜西三百里，爲亦爾乞咱打班（其南有大熱水泉，黑冰泉，有亦可速巴，北有黑石城，有賽藍城）。又西二百里，爲亦乞咱打班，又西爲把力干城（城南爲哈剌界，爲阿必打納思、乞亦咱撒剌思、咱力沙、亦乞咱力）。

又西五百里，爲俺的干城（城北有馬兒黑納）。又西七百里，爲我失城（城南有懶闊，有馬答剌撒，有火者阿力，東有郎努古力）。又西三百里，至馬都城（其城引水七派，灌于其中，南有高山，北有沙兒黑納）。馬都西南五十里，至砍的把丹（其西有咱力都，有罕都，有撒力赤剌牙）。砍的把丹北三百里，爲黑寫歪（其西北爲虎帖城，虎帖西四百里，至阿懶答）。又西三百里，至阿力砍打思（其南有兀

魯雨尊，有阿拜卽力姐民，有雨六乜，有水磨，其西北三百里爲阿懶答。阿懶答西北，爲阿速脫）。

又西爲亦卜剌陳（其四面俱水，出沙糖，其南有答黑答奔，有的火者，有昆都思，有剌巴的末兒咱、亦卜剌，有哈兒斤，有哈沙打，有戶倫城，有速兒哈，有盼黑的，其北有鐵門關，有克力干城，有把黑里城，有失巴力城，有俺的灰城）。又西爲黑樓城（至赤戲旦黑豬黑答蘭城兒四百里，出獅子、西馬哈剌、苦術、金銀、寶石、綾錦各色果品、青紅綿花、白紙，種田。其南有巴巴沙忽，有赤戲黑豬黑答蘭城兒，有剌巴的剌阿力阿城，東北有馬力城）。

又西爲阿倫城（城東有失黑山河），又西爲火者阿都阿剌黑蠻城（城南有失黑山，西北有剌叭的城）。

又西爲阿力伯（有纏頭回回，其南有阿剌都伯，有失黑，有阿力店子），阿力伯西爲雜民城（城南有阿思民），雜民西五百里爲普哈城（有回回，種田，出果品，養蠶。撒馬罕克在城住，其南有剌巴子火馬里麻撒力瓦思，北有卜剌撒瓦剌思，有克力干城）。

又西五百里爲撒馬兒罕城（有纏頭回回，出獅子、哈剌苦木、大騾子、寶石、金銀、鑌鐵、魚牙把刀、帖角皮，養蠶，出瑣瑣葡萄、各色果木、撒黑剌綿花、銀鼠、青鼠、豹皮、剪絨單，其北有阿力城，有望日樓）。

又西五百里爲失剌思城（有纏頭回回，種田），又西三百里爲高山（其南有山，北有馬土力，西北有撒子城兒。撒子城西北，爲把黑打帖），又西爲把答山城（出青金石，其南爲西河城，北爲阿沙巴力）。又西一千五百里爲怯迷城（有王子，外邊住有四族番漢，出金

子、金剛鑽，其南有牙兒打兒，有阿巴的納都），又西爲新旦城（有
纏頭回回，種田，出各樣果品。其南有巴答力山城，有回回，種田，
有阿力伯城，有回回，出金子、寶物）。

　　又西四百里爲孛思旦城（有回回，種田，養蠶，出各樣果品，其
南爲阿力阿伯城，中有回回。爲俺的灰城，中有纏頭回回，出五穀，
又爲黑者沙平城兒），孛思旦西五百里爲亦思他剌八城（有纏頭回
回，種田，出稻米，養蠶。其南爲盼的干城，出鑌鐵、獅子、哈剌。又
爲巴巴沙蔥城，又爲戶倫城，有回回，種田，出葡萄。又爲剌巴的咱
兒答，及剌叭的迷城兒，剌巴的打爾斤）。

　　亦思他剌八城西六百里爲失剌思城（有纏頭回回，出魚牙把
刀，有院，有樂人，有各色果品，有長流水。又西行五日，至亦思城，
有纏頭回回，屬帖瓦列思管。出瑣服、各色綾緞、好手巾、花氈子、
阿味、阿芙蓉，其南爲剌巴的納都、打剌木用城、馬失卜城、剌巴的
扯帖兒、瀼都兒城、剌巴的米納牙，其西北俱大川，路行十餘日）。

　　又西八百里爲鎖力旦城（有纏頭回回，種田，出黑狐子。其南爲
苦蘭城，有回回，種田，出稻米。其北爲亦的城）。

　　鎖力旦城西爲阿郎民城（四面環以屋廬，有小王子，屬帖瓦列
思管。出鑌鐵、黃羊木梳、各色果品、阿味）。

　　又西爲帖瓦列思城（有王子，纏頭，種田，出各樣花氈，東至阿
力旦城，行六日。其東南爲頗力城兒，其東北爲紐札城兒）。

　　又西行四個月爲苦思旦城（有纏頭回回，種田，出各樣樹木，其
東南爲也爾的，其西有水磨）。

　　又西爲沙密城（有纏頭回回，出色果品、瑣瑣葡萄、哈剌骨

馬），又西行一個月至把黑旦城（其城引水七派，灌其中，有回回二千家，出獅子、哈剌苦木、金線豹、三棱花布手巾。其南爲欠土城，北爲陝西斤城）。

又西爲也的納城（有纏頭回回一百，不出產物，種田）。又西百里至飯店兒，又西行六程，至天方國（其城二重，有出家回回在城住。餘皆進城禮拜，其南有架子井，北有阿思納城天方國）。

西行十五城爲迷亂力城（有纏頭回回，種田），又西至牙瞞城（有髮黑回回，出瑪瑙、琥珀、犀、羊、布、各色綿花）。

又西至文谷魯城（俱漢兒人，蓬頭帶帽兒，種旱田，出珊瑚樹、眼鏡石，上有七樣花草，城東有河，舟楫以渡），又西爲阿都民城（有回回，種旱田，出花手巾、各色果品），又西爲也勤朶思城（其城四隅，環以屋廬，周圍有水，水有舟楫，俱漢兒人，蓬頭帶帽兒，種稻田，出撒黑剌、鑌鐵刀、各樣果品），又西爲撒黑四塞（其城二重，俱漢兒人，蓬頭帶帽兒，出烏木、銀木、白紫垣木、各樣藥材），又西爲哈利迷城（有纏頭回回，多養羊馬，種旱田，有水磨，出黃葡萄及各色果品）。

又西爲阿的納城（屬魯迷城管，有回回種糜子，出綿花），又西爲菲郎城（其城一重，有王子，俱漢兒人，剪踪被髮，帶帽兒，種稻田，養蠶，織金蟒龍、撒黑剌、剪絨氈，出金子、黑石、珍珠）。

又西爲安各魯城（有纏頭回回，種旱田，出瑣服、各樣三棱旱子、鞱毼羊毛、織褐子，出大瑣瑣葡萄，城西距山，山上有巡檢司）。

又西爲可台城（有纏頭回回，種旱田，出白綿花、夏布，山下出

西天紅花，城西有河，河有二水磨），又西爲孛羅撒城（有回回，種旱田，出各樣果品，又西有海，中有舡，載千人，糧飯可用三個月，備用盔甲什物）。

又西爲魯迷城（其城二重，有自立王子，有纏頭回回及漢兒人，有通事，種旱田，不出物產，東至孛羅撒一千二百里）。

《陝西通志·西域土地人物略》之一

西域

陝西通志卷之十

州西三百里為哈密城……阿思打納城……剌木……

十里自□剌帖出中柴口……城又西二百里為蔡黑兒城有州中巖泉阿……打納西為把兒思閣又西為脫合城兒又西為哈……又西為魯珍城兒城有半歡……珍比為羊黑城兒又西五十里為哈剌火者又西……十為里我荅剌城城西百里為土魯番……刺此有土魯番西二百里為俺石城……委會有撒巴失其南……又西五十里為蘇巴失……昆迷失阿剌木又西百里為义力失……义力失西百里為哈剌哈失鐵城……二百里為义力失

二十八

《陝西通志·西域土地人物略》之二

西域

陝西通志卷之十

城城西南百里為土力苦扯城……又西百里為察兀兒的河……十里為古克兀城……泉西二百里為察兀泥泉……百里為阿黑馬力……西百里為漁泥泉又……百里為衚衙樹城兒……百里為蔡力絮井火炎山……巴林城……又西百里為蔡巴泉又西百里為黑水泉……泉西百里為雙山兒城又……西百里為獨樹城……西二百里為榻子河……

扯西北百里為阿速城三城相連環山……阿亦地里城有泉……城黑城王河此有阿丹城有泉……至大井井南有石店……又西百里為乾泉又西百……大井西二百里為比長店子乾羊城……石兒此有义西二百里為桐河又西……泉西二百里為土臺泉……城下石兒城兒又西二百里為河西丁城……百里為石子河西……為失哈力城……為亦的哈力城建民……

二十九

《陝西通志·西域土地人物略》之三

西域

打班又西五百里為把力千城
思西……城南有高山北有泉
也失卜西三百里為也失卜有
亦乞咱打班我失城
西七百里為馬都城
西三百里至馬都城
　　　　　　　　三十

又西五百里為土剌城
又西三百里為我撒剌此
入西為尚力又西三百里為我撒剌此

西南五十里至砍的把丹此
把丹比三百里為黑里為
西三百里至阿力砍打思
又西為亦卜剌城
　　　　又西為
黑樓城
又西為阿倫城
又西南為火者阿都剌黑
又西為阿力伯
寶城此城有刺

《陝西通志・西域土地人物略》之四

西域

城　　　　　　　　思城
為鎮力旦西為阿　　　字思旦西五百里為亦思
　　　　　　　　思城
鎮力旦城　　　　　又西八百里為失剌
力旦西為阿卹民城　　　　又西八百里
　　　　　　　　列思城
　　　　　　　　　　　三二

又西三百里為高山
一千五百里　　又西為怗山城
又西為新旦城
又西為把苍山城
又西五百里為撒馬兒乞至城
又西五百里為字思旦城
又西

都伯有失
阿力伯西為雜民城
百里為普哈城
又西五百里為撒馬兒乞至城
又西四百里為字思旦城
又西

《陝西通志・西域土地人物略》之五

《陝西通志·西域土地人物略》之六

《陝西通志·西域土地人物略》之七

陝西通志卷之十

西域

以威脅之故所得不償所失終於以外耗而困中國
作無益而害有益為覆車之轍也今西城誠吾燉煌
故地之屬其人亦農桑可導之民誠欲招來而奠之
為吾有司者能修德悦近如孔子之論如帝舜之格
苗如武王周公之底貢獻其可也否則為漢武以來
之事貴其異物寶其遠物則民始不足其人亦朝從
而夕遠之矣何益哉

明此義乃求善使絕域之人以遍之又求善戰之將
向之矢故帝舜舞干羽于兩階而有苗格武王永清
四海而西旅貢贅周公成文武之德致天無烈風淫
雨海不揚波而越裳氏獻雉皆脩德之致也後世不
有過樂雖一喜一怒亦皆出于天理之公而無一毫
人欲之私矣誠如是則盛德至善非但民不能忘天
且弗遠寒暑正而雨暘時宰土之人無弗被澤而歸
援孔子論政曰近者悦遠者來蓋為政在于悦近

三・《陝西四鎮圖說・西域圖略》

《陝西四鎮圖說》的《西域圖略》之一

《陝西四鎮圖說》的《西域圖略》之二

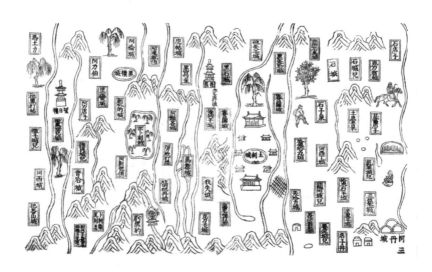

《陝西四鎮圖説》的《西域圖略》之三

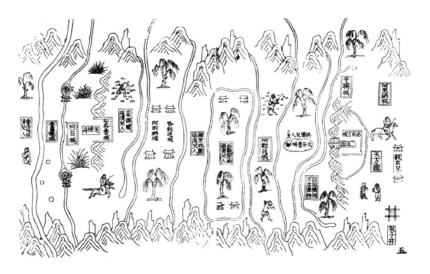

《陝西四鎮圖説》的《西域圖略》之四

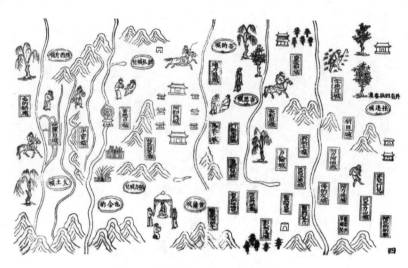

《陝西四鎮圖説》的《西域圖略》之五

四 · 《元史 · 西北地附錄》

篤來帖木兒	也云赤
途魯吉	亦剌八里
柯耳魯地	普剌
畏兀兒地	阿里麻里
（至元二十年，立畏吾兒四處站及交鈔庫）	（諸王海都行營于阿力麻里等處，蓋其分地也……）
哥疾寧	也迷失
可不里	合剌火者
巴達哈傷	魯古塵
途思	別失八里
忒耳迷	（至元十五年，授八撒察里虎符，掌別失八里畏吾城子里軍站事……）
不花剌	他古新
那黑沙不	仰吉八里
的里安	古塔巴
撒麻耳干	彰八里
忽氈	（至元十五年，授朶魯知金符，掌彰八里軍站事）
麻耳亦囊	月祖伯
可失哈耳	撒耳柯思
忽炭	阿蘭阿思
柯提	欽察
兀提剌耳	（太宗甲午年，命諸王拔都征西域欽叉、阿速、斡羅思等國……）
巴補	阿羅思
訛跡邗	不里阿耳
倭赤	撒吉剌
苦叉	花剌子模
柯散	賽蘭
阿忒八失	巴耳赤邗
八里茫	氈的
察赤	不賽因

八哈剌因	阿剌模忒
怯失	可疾云
八吉打	阿模里
孫丹尼牙	撒里牙
忽里模子	塔米設
可咱隆	贊章
設剌子	阿八哈耳
泄剌失	撒里茫
苦法	朱里章
瓦夕的	的希思丹
兀乞八剌	巴耳打阿
毛夕里	打耳班
設里汪	巴某
羅耳	塔八辛
乞里茫沙杭	不思忒
蘭巴撒耳	法因
那哈完的	乃沙不耳
亦思法杭	撒剌哈歹
撒瓦	巴瓦兒的
柯傷	麻里兀
低廉	塔里干
胡瓦耳	巴里黑
西模娘	吉利吉思、撼合納、謙州、益蘭州等處 （吉利吉思者，初以漢地女四十人，與烏思之男結婚，取此義以名其地……）

後記

　　我在2018年春卽寫成此書，給北京故宮博物院的故宮學研究所長章宏偉先生看過。2019年，又給敦煌研究院的楊富學先生看過。書中第五章，以《明代〈絲路山水地圖〉中亞路線考》爲名，在2018年8月26日甘肅省博物館主辦的「歷史文獻與考古遺址的互證——絲綢之路國際學術研討會」發表，收入會場印製的論文集第577—586頁。

　　感謝我的家人在生活上給我的支持，感謝我本科在南京大學的老師們在中外關係史研究上給我的指導！感謝蘭臺出版社幫我出版書稿，感謝全體編輯的辛勞工作，尤其感謝盧瑞琴社長和楊容容女士。

周運中2019年9月於廈門

國家圖書館出版品預行編目資料

明代<絲路山水地圖>的新發現 / 周運中著.
-- 初版. -- 臺北市：蘭臺, 2020.06
　面；　公分. --（歷史地理叢書第一輯；1）
ISBN 978-986-5633-99-8(平裝)
1.古地圖 2.明代 3.歷史地理 4.絲路

626　　　　　　109006740

歷史地理叢書第一輯1

明代〈絲路山水地圖〉的新發現

作　　者：周運中
編　　輯：楊容容
美　　編：楊容容
封面設計：陳勁宏
出 版 者：蘭臺出版社
發　　行：蘭臺出版社
地　　址：台北市中正區重慶南路1段121號8樓之14
電　　話：(02)2331-1675或(02)2331-1691
傳　　真：(02)2382-6225
E—MAIL：books5w@gmail.com或books5w@yahoo.com.tw
網路書店：http://5w.com.tw/
　　　　　https://www.pcstore.com.tw/yesbooks/
　　　　　https://shopee.tw/books5w
　　　　　博客來網路書店、博客思網路書店
　　　　　三民書局、金石堂書店
總 經 銷：聯合發行股份有限公司
電　　話：(02) 2917-8022　　傳　真：(02) 2915-7212
劃撥戶名：蘭臺出版社　帳號：18995335
香港代理：香港聯合零售有限公司
電　　話：(852)2150-2100　　傳真：(852)2356-0735
出版日期：2020年 6 月　初版
定　　價：新臺幣 880 元整（平裝）
ISBN：978-986-5633-99-8